美国心理学会情绪管理自助读物

成长中的心灵需要关怀 · 属于孩子的心理自助读物

学习可以更高效
如何减轻孩子的学习压力

School Made Easier
A Kid's Guide to Study Strategies and Anxiety-Busting Tools

（美）温迪·L. 莫斯（Wendy L. Moss） 著
（美）罗宾·A. 德鲁卡-阿肯尼（Robin A. DeLuca-Acconi）

王尧 译

化学工业出版社

·北京·

献给那些鼓励我们写下本书的人，也献给那些努力克服学业焦虑，积极用学习方法帮助自己的学生。

——温迪·L.莫斯 & 罗宾·A.德鲁卡-阿肯尼

School Made Easier: A Kid's Guide to Study Strategies and Anxiety-Busting Tools, by Wendy L. Moss & Robin A. DeLuca-Acconi.
ISBN 978-1-4338-1335-1
Copyright © 2014 by the Magination Press, an imprint of the American Psychological Association.
This Work was originally published in English under the title of: School Made Easier: A Kid's Guide to Study Strategies and Anxiety-Busting Tools as publication of the American Psychological Association in the United States of America. Copyright © 2014 by the American Psychological Association (APA). The Work has been translated and republished in the Simplified Chinese language by permission of the APA. This translation cannot be republished or reproduced by any third party in any form without express written permission of the APA. No part of this publication may be reproduced or distributed in any form or by any means, or stored in any database or retrieval system without prior permission of the APA.

本书中文简体字版由 American Psychological Association (APA) 授权化学工业出版社独家出版发行。

本版本仅限在中国内地（不包括中国台湾地区和香港、澳门特别行政区）销售，不得销往中国以外的其他地区。未经许可，不得以任何方式复制或抄袭本书的任何部分，违者必究。

北京市版权局著作权合同登记号：01-2015-8053

图书在版编目（CIP）数据

学习可以更高效：如何减轻孩子的学习压力 /（美）温迪·L.莫斯,（美）罗宾·A.德鲁卡-阿肯尼著；王尧译. —北京：化学工业出版社，2018.11（2025.1重印）
（美国心理学会情绪管理自助读物）
书名原文：School Made Easier: A Kid's Guide to Study Strategies and Anxiety-Busting Tools
ISBN 978-7-122-32961-5

Ⅰ.①学… Ⅱ.①温… ②罗… ③王… Ⅲ.①学习方法-青少年读物 Ⅳ.①G791-49
中国版本图书馆CIP数据核字（2018）第202283号

责任编辑：郝付云　肖志明　　　　　装帧设计：邵海波
责任校对：王　静

出版发行：化学工业出版社（北京市东城区青年湖南街13号　邮政编码100011）
印　　装：大厂回族自治县聚鑫印刷有限责任公司
710mm×1000mm 1/16　印张8½　字数80千字　2025年1月北京第1版第7次印刷

购书咨询：010-64518888　　　售后服务：010-64518899
网　　址：http://www.cip.com.cn
凡购买本书，如有缺损质量问题，本社销售中心负责调换。

定　　价：29.80元　　　　　　　　　　　　　　　　　　版权所有　违者必究

给小读者的一封信

在开学的第一天，老师和学生都会对新学期充满希望。可是，随着作业的增多和考试日期的临近，许多学生会有难以应对的压力。你是不是也是这种情况？这本书就是帮助你应对学业压力的。

这本书会让你的学习变得轻松有趣。在阅读过程中，你会看到别的孩子感受到的学业压力和遇到的挫折。虽然，很多孩子与我们分享了他们的想法和经历，但我们仍然会为他们保守好这些秘密，书中的例子都是我们从与他们的交流中提取、综合而成的。我们希望这些例子和解决办法对你也能有所帮助。

在本书中，你会学到一些缓解焦虑情绪、提升学习信心和提高学习效率的方法。这些方法很有趣，也很容易掌握。

在第1章，我们会提到学习和生活里有哪些情形是可控的，哪些情形是不可控的。面对无法改变的压力，你可以改变应对的方法。你还会了解压力的特点，一旦你意识到自己有压力了，那么找到应对的方法也就简单多了。

在第2章和第3章，你会上一节管理学业压力的速成课，比如将消极想法转换为积极想法，建立自信，学会放松。此外，还会学到制订清晰可行目标的方法。

在学会确认压力源和管理压力的方法后，你将会学到减轻学业压力的方法。有"快速易学"——容易操作——的方法让你的学习变得井然有序。

在第4章和第5章，你将会学到让自己高效学习的方法。这些方法已经帮助很多人提高了做事的效率，其中很多方法，你每天只要花几分钟就能掌握运用。

该写作业时，你可能想逃避，或者东张西望地磨蹭时间。第6章和第7章将会教给你一些有趣也很有效的学习方法。这些方法对很多学生都有用，相信对你也很有效。

最后，在第8章里，你会学到如何为学校"重要日子"如考试或演讲做好准备。这些日子不仅仅是"熬"过去，而是用一些策略和技巧让自己自信满满地迎接挑战。

在你练习书中的方法时，如果有另外一个人能够跟你一起练习，效果会更好。也许，你想和一位成人一起阅读，他能在你应对学业压力的时候为你提供支持和帮助；也许，你可以和同学一起阅读，一起练习这些方法。

祝你阅读愉快！

——温迪·L.莫斯 & 罗宾·A.德鲁卡-阿肯尼

目 录

第1章 认识学业压力 … 1
如何判断自己有没有压力 … 3
学生一般都有哪些外部压力 … 6
哪些想法会引起内部压力 … 9
压力不全是坏事 … 12

第2章 如何克服学习焦虑 … 15
危险！——消极的心理游戏 … 17
5种有效的解压方法 … 17
面对压力如何调整好身体状态 … 26
简单方法巧放松 … 29

第3章 怎样应对无法控制的外部压力 … 35
解决问题的六步法 … 38
案例：别的孩子是如何处理压力的 … 48

第4章 学习要有条理性和计划性 51

如何有条理地整理学习资料 53

学习前要做好哪些准备工作 63

第5章 怎样提升学习的执行力 69

开工：克服拖延，顺利开始学习 71

优先排序：合理安排写作业的次序 72

时间管理：控制好做每项作业的时间 75

情绪控制：积极解决学习问题 77

专注：学习时不为别的事情分心 80

第6章 如何更高效地利用时间 83

你会合理利用时间吗 84

学会制订时间计划表 87

让作业干净整洁的方法 91

第7章 既有效又有趣的学习方法 93
- 哪种学习模式最适合你 95
- 11种高效学习方法 97
- 写作业没意思怎么办 108

第8章 积极应对考试或演讲的压力和挑战 111
- 克服紧张焦虑有方法 113
- 考试成功的技巧和方法 117
- 考试时怎样写好作文 119
- 怎样才能做好一场演讲 121
- 跟老师沟通时紧张不安怎么办 126

结　语 127

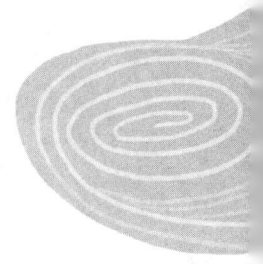

第 1 章
认识学业压力

你在大的考试前会紧张吗?你在演讲前是否会忐忑不安?有的孩子不但不紧张,甚至觉得很有趣;有的孩子却会有压力,甚至长期处于压力之中。你呢?先做下面的小测试,看看你对自己的压力了解多少。这可不是考试,没有对错之分。你可以勾选所有的选项,也可以勾选一部分,或者一个也不选。

- ☐ 我知道,有压力时我的身体有什么反应。
- ☐ 我知道,有压力时我会怎么想和怎么做。
- ☐ 我知道,学校和家里的一些事情让我感到有压力。
- ☐ 我知道,我的有些想法和感觉会让我感到有压力。
- ☐ 我知道,有时候压力也是好事。

虽然大多时候,你很喜欢学校,但是有时候,学校也会给你带来压力。例如,伊莱说:"我喜欢学校,因为我喜欢和朋友们一起玩,老师也很和蔼可亲。但是,在大的考试前,或者我担任重要角色的校园剧演出前,我总是紧张得要命。"如果你发现自己有时候也特别紧张,那么你应该学会一些能帮助伊莱和你自己的方法。

回想一下刚才做过的测试,你对自己的压力了解多少呢?每个人都会有压力,即使你刚才勾选了所有选项,学习一些处理压力的新方法对你还是会有所帮助的。

意识到自己不能掌控所有事情是非常重要的。不过,虽然你无法控制或者改变学业压力以及学校的其他压力,但是你可以改变应对压力的方法。

首先,你需要了解你何时会有压力以及有压力时你的身体反应,然后,再找出压力的一些特征,为应对压力做好准备。

如何判断自己有没有压力

你如何判断自己有没有压力呢?其实,你的身体和情绪都会给你发送信号。也许你经历过本节中描述的一些状况,但却不知道原因——可能就是压力造成的。

有压力时,你的身体会有哪些表现

压力都有多种表现,你越留意自己的身体,就越知道该如何应对压力或紧张。下面是我们感到压力时,常见的一些表现:

- 心跳加速

工具箱:认识压力

- 认识压力的表现:倾听身体的信号,留意自己的情绪。
- 确定压力的起因:内部,外部,还是两者都有?
- 判断自己的压力:是积极的,还是消极的?

第1章 认识学业压力

- 恶心想吐
- 头痛
- 体温变化快（感到冷或热）
- 身体颤抖
- 注意力无法集中
- 咬指甲或别的紧张习惯
- 睡眠改变（比平时更多或少）
- 饮食改变（比平时更多或少）
- 呼吸急促

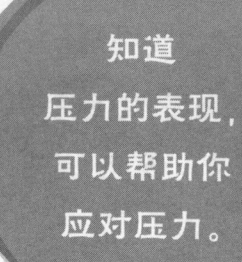

知道压力的表现，可以帮助你应对压力。

实际上，我们的身体有如此反应是有理由的。过去，我们的祖先在面对老虎、狮子和其他危险时，必须找到生存下来的方法。当遇到危险时，他们用急速爆发的能量来逃跑或者与野兽搏斗，甚至，他们会一动不动或者装死。当我们的身体准备战斗、逃跑或者一动不动时，我们会经历一次能量的爆发：心跳加速、呼吸加快、肌肉绷紧。这就是通常所说的"战斗、逃跑或冻结"的应激反应。

希望你永远不会有这样的考验——感到自己好像处于极度危险中，需要战斗或逃离教室！然而，有时候虽然压力并不会危及我们的生命，但是我们的身体还是会自动地对压力做出"战斗、逃跑或冻结"的应激反应。卡洛斯说："我简直要崩溃了，半夜醒来，心跳得特别厉害——心脏快要跳出来了。后来，爸爸带我去医院检查，发现心脏没事。想象一下，其实是身体在跟我说话！它是想让我知道，期中考试带给我的压力实在是太大了。"

如果你第一次发现自己有上面列举的任何一种表现，那么，请务必告诉你的父母、医生或者自己信任的人。像卡洛斯一样，可能生理上没问题，但去医院检查还是有必要的，比如，有的药物也能够引起类似压力的表现。如果不是药物引起的，那么就有可能是压力产生的身体反应（见第2章，调整好身体状态的一些方法）。

 有压力时，你的情绪会有哪些表现

当你烦恼和紧张时，情绪有时会以非常复杂的形式出现。你是否有过下面这些情绪表现：

- 大哭
- 易怒
- 跟朋友或家人起冲突
- 冲动
- 无精打采，即使是你感兴趣的事情
- 无法集中注意力
- 不想写作业
- 更想独处

即使压力不大，你也会发现自己的情绪天天都在变化。这或许是因为你正在从一名儿童变成一名少年，你对自己有了新的期待，例如，为考入大学而努力学好功课。年龄的变化也会改变你对同伴的感觉，让你体内的激素也开始变化。所有这一切，都会让你变得比以前更敏感，情绪更加多变。

有时，我们的感觉会变得特别强烈、复杂，需要跟他人交流。即使成年人有时也需要给朋友打个电话、跟丈夫或妻子谈心，甚至去看心理医生。想一下，如果你的想法消极，心情烦恼时，你会找谁倾诉？梅说："如果让

> 你可以选一些人来帮助自己应对压力。

我想一下，我会发现有很多人可以帮助我。比如妈妈、婶婶和学校的辅导员。跟他们交流的时候，即使我不知道该如何表达我的感觉，他们也会帮助我说出来。"

学生一般都有哪些外部压力

有时候，学生会认为，如果没人给自己施加压力，生活一定会更加美好。塔莎说："要是老师不逼着我考试和写作业，爸爸妈妈不吵架，朋友不嫉妒我与别人聊天，生活一定是没有压力的。"你认同塔莎的观点吗？

塔莎描述的压力是所谓的"外部压力"。外部压力通常是你周围（如学校、社会和家庭生活）让你感到焦虑、沉重、烦恼和生气的情形。例如，你正在听的课对你来说有点难，你最好的朋友从三年级开始突然和别人一起玩了，或者你的家人要求你每科都要得"A"，这些都会让你感到压力。这些例子都是由于外部原因——你生活中的人或者事情——引起的压力，而不是因为你的内心想法。

虽然你不能控制外部压力，但是你可以改变应对压力的方法。本章将会帮助你认识压力来源，后面几章将会为你提供一些应对压力的方法和技巧。

引起外部压力的常见因素

如果你正在承受着外部压力，那么它可能是由很多因素导致的。下面是让学生感到外部压力的常见因素：

学业因素。引起学业压力的原因有：任务多，作业重，学不会功课，学习起来总是比同学更费劲。还有一个常见原因是时间。你晚上要做很多的作业，或者你要做一个长期课题但时间却不够，这都会产生时间压力（第5章会有处理这两个难题的方法）。

此外，有时你想在安静的环境里学习，但是你的兄弟姐妹在嬉闹或者爸爸妈妈在大声说话，又或者邻居正好在你家吃饭，这让你无法集中精力学习，也会让你情绪紧张，感到压力。

社交因素。社交焦虑也会影响孩子做作业的积极性或精力。社交因素主要包括这几个方面：朋友之间吵闹，要求你选择立场；朋友和你有矛盾，不让你参加聚会；有人嘲笑、欺负你。

家庭因素。家庭因素也会产生压力，比如，你可能会与兄弟姐妹发生争吵；在父母吵架时感到烦恼；得知某位亲人病重。家庭压力会影响你在学校的注意力，没有精力去做学校的作业，或者让你难以完成家庭作业。

经济因素。如果你需要一台电脑来完成自己的功课，但是你的父母没有能力给你买，你会怎么样呢？如果一项课题需要你买一些相关材料，你又会怎么样呢？有些东西你确实需要，但是又没有条件购买，这肯定会带给你压力。有时候，即使你知道一些东西并不是你真正需要的，比如一个好玩的、流行的电子游戏，可是当你没钱购买它时，你还是会感到压力。

其他因素。每个人对事情的反应程度不一样。有些事情让你很紧张，但别人却不紧张；任何考试都能让你产生焦虑和压力，但你的朋友可能很喜欢考试，并且认为考试是检验学习效果的一种方式。同样的，你的朋友可能会认为做长期课题有压力，但你却认为这很有趣，并且有时间去创新。对一件事情的感觉没有对错之分。让一个人有压力的事情，对另外一个人未必会产生压力。如果你有压力，就要想办法去解决，而不是否认压力的存在。

你的烦恼我来答

贾马尔的问题：我爱我的爸爸妈妈，但是当我非常努力学习，考了86分时，他们却对我非常失望，我该怎么办？

很高兴听到你说你爱爸爸妈妈。他们只是希望你能学习好。问题是，他们对你的成绩不太满意。你也说了，你非常努力了，但是成绩还是难以让他们满意。这个问题的重点是，你和爸爸妈妈对学习的理解是不一样的。

当你和爸爸妈妈有时间聊天时，试着找到下面问题的答案：

- 他们对你的期望是一个分数，还是努力的程度？
- 他们认为什么才是"努力学习"，你又是如何定义的呢？
- 你是否在某些科目上需要帮助？
- 你是否用了很多时间去学习，但还需要帮助以学得更好？

在不需要给父母看考卷时，试着跟他们聊天。这会让他们明白，你并不是为了回避分数而转换话题。你只是想让他们更好地了解你。

如果你的父母不管你是否努力学习，他们只是希望你各科的成绩超过90分（或者95分），这就是另外一个需要我们讨论的话题了。其实，或许你的父母希望你的成绩好，将来能上一个好大学。你和父母可以找学校的辅导员来谈一谈，辅导员可能会更理解你的付出，以及父母对你未来的期望。

你有哪些外部压力

从上面的文章中,你已经了解了能够给学生带来压力的因素,现在,你可以考虑一下自己的外部压力了。要知道,外部压力来自你所处的环境、你身边的人或你经历的事情。请把它们写在下面的横线上,回头你可以用后面章节中提到的方法来解决。

➔ _____

➔ _____

➔ _____

➔ _____

➔ _____

 哪些想法会引起内部压力

内部压力与你的想法和感觉有关。跟外部压力不一样,内部压力很大程度上是可以控制的。因为压力来自于你的内心,所以称之为"内部压力"。例如,你要在社会科学课上做口头演讲,虽然你认真准备了,但还是会担心演讲的时候忘词。这些焦虑可能会让有些人好好准备,或者找一些放松自己的方法,却让另一些人更加紧张而一筹莫展。因此,同样的事情会让人兴奋、积极,也会让人焦虑、害怕,这取决于你的想法和感觉。所以,无论是你给自己施加的压力(内部压力),还是别人给你施加的压力(外部压力),只要是能够让你更加积极向上,那么面对生活中的各种挑战,如口头演讲、运动或者学习新的乐器,你也会觉得很有趣。

引起内部压力的常见因素

在人们思考问题的过程中,常见的"思维陷阱"有三个:完美主义、自我否定或消极暗示和拖延。这些思维方式影响的不仅仅是学生——很多成年人也面临着同样的问题。你熟悉这些思维方式吗?

完美主义。完美主义是指一个人想要完美,并用不切实际的标准来要求自己。完美主义会给孩子带来沉重的压力,阻碍他们尝试新事物,影响他们享受生活的乐趣。如果你尝试做一件事情,你没有做好,你的感觉如何呢?又或者,当你第一次没有把事情做得完美,你会难过吗?如果你总想让自己最好、最快、最聪明或者最有能力,那么你可能就有完美主义倾向。

很多孩子都会有这个烦恼。米里亚姆说:"我总是想在考试中得A或者满分。有一次数学考试,我考了91分,但我却很难过,因为我还有9分没拿到。要求完美是我的一个缺点,因为越想完美,就越觉得现实不完美。这让我觉得很烦恼!"

斯图尔特想要写一篇完美的作文,但却以"写、重写、画掉、改写、删掉"而结束,这让他非常沮丧。虽然他的初稿就已经写得很不错了,足以完成作业。从中可以看到,影响他的并不是外部压力,而是他对自己的完美主义要求。他想交给老师一篇完美的作文,却因为害怕作文不够完美,而最终不能按时完成作业。

自我否定或消极暗示。你知道吗?你的想法也会带来压力。自我否定也叫"消极暗示",是指自己用语言打败自己。如果你认为自己不能做好某件事情,那么你就难以集中精力去努力尝试。

你有没有说过下面的这些话,或者有过这样的想法呢?

- "我认为这次考试我考不好。"

- "演讲时，我的大脑可能会一片空白。"
- "我学不会，我真是太笨了。"
- "如果尝试做这件事，那我就太丢脸了。"
- "我的作文总是考不好。"

上面的这些想法会让你更有压力，也会打击你学习的积极性，使你在考试、写作业、做长期课题时难以集中精力。

你对事情的一些消极想法，也会产生压力。比如下面的例子：

- "老师要求太严了，还讨厌我。"
- "写作业的时间不够。"
- "因为姐姐从大学回来了，我没有安静的环境学习。"
- "我会落选，我练习的时间不够。"
- "我哥哥的数学总是比我厉害。"

在第2章，我们将会为你提供很多将消极暗示转换成积极暗示的方法。

拖延。拖延是指你尽可能把事情往后推，甚至推到临近截止日期。拖延的原因有很多，比如：

- 想先做更有趣的事情；
- 逃避事情带来的焦虑；
- 装作没有任务做，因为任务看上去很难；
- 时间不够；
- 做事情缺乏动力。

有时，大人会认为你是不重视这件事而故意拖延。事实上，有时候的确是这个原因，但有时候并不是。比如，今天或者下周都可以去打针，面对选择，有的孩子就想着早点去，有的孩子现在不想有压力,就想推迟到下周再去。

拖延并不意味着你懒惰,它只说明你做事情需要一些更好的方法(见第5章),或者,你需要别人帮助你应对学业压力(见第2章)。

你有哪些内部压力

你已经看了一些案例,现在,该想一想你的内部压力了。你可以先把它们写在下面的横线上,等你阅读了后面的章节,你就知道如何应对这些压力了。

* _____
* _____
* _____
* _____
* _____

压力不全是坏事

你觉得运动员在奥林匹克运动会前会紧张吗?你觉得美国总统会有压力吗?如果是的话,那么他们为什么要做这件事呢?

人们常把压力看成一件坏事,其实,压力也不全是坏事。有时候,压力能够帮助人们集中精力,"充满激情"地参加体育比赛、起草演讲稿,或者让学生集中注意力写学校作业。所以,问题不在于你是否有压力,而在于你的压力有多大。

贝吉现在上八年级,但是她记得,"我上六年级时,朋友们都希望像我一样镇定,因为我对任何事情都不紧张。我只是认为,等问题出现时,再去解决就行。这种想法最终产生了一个大问题:除非到最后一分钟,我从来不主动去学习,也不去做长期课题"。贝吉的压力比较小,这造成了她的学习积极性比较低。

压力
不全是
坏事情!

跟贝吉不一样,盖比总能想起自己在学校的压力。他说:"上学第一天,当老师说出评价我们的标准时,我就开始焦虑了。当我准备做一项课题时,我会每天晚上都想这件事。我实在太焦虑了,以至于不知道该如何开始。我把时间都浪费在思考和害怕出错上。"

所以,贝吉和盖比的压力数值正好相反(相对而言,一个低,一个高)。两人好像都没有发现,压力会对他们有所帮助。

威廉跟他们不一样,他将自己的压力数值控制在"平均数",或者在1～10的压力数值表(其中,1为低压力,10为高压力)中,他的压力值为4、5或6。

他说:"当我做一件事情时,我想把它做好,虽然我可能需要别人的帮助;当我有压力时,我会更加努力,但是我并不担心,因为我相信我能做好。"

威廉的压力可以被定义为"积极压力",因为这能激励他去承担责任。它还有一个有趣的名字叫"良性压力"。

怎样才能知道自己正在承受的压力是不是积极压力呢?关键在于它是激励你,还是压垮你。我们知道,盖比因为太紧张,以至于不知道该如何去做课题;而威廉的压力,却成为他努力学习的动力。所以,积极压力往往会激励你去迎接挑战。

当你走出你的舒适区,去尝试新事物时,你也可能会有积极压力。比如,体育课上要学习一项新的体育项目,积极压力会促使你努力学习体育规则,了解体育动作。甚至有的学生说,积极压力让他们非常激动,促使他们勇敢面对挑战。

现在,你是不是想让自己的所有压力都能成为积极压力呢?让我们接着往下读,学习一些压力管理的方法,让压力变成动力吧!

 ## 总结

祝贺你! 通过阅读第1章,你开始迈向了解压力的旅程了。你了解了生理压力和心理压力的表现,学习了内部压力和外部压力的区别,以及常见的压力起因。你可能已经知道自己产生压力的原因。在下面的章节中,你会学到应对压力的一些方法。这些都会让你在学校更加积极向上,更加轻松。

第 2 章

如何克服学习焦虑

在这一章,你会学到一些应对内部压力的方法。你用过下面这些减压方法吗?你可以把你用过的方法勾选出来。

- ☐ 我知道如何将消极想法转变为积极想法。
- ☐ 我认为在学校就是要努力学习、勇敢尝试,而不是要求完美。
- ☐ 有压力时,我会提醒自己我能做好。
- ☐ 我会计划好学校的事情。
- ☐ 有压力时,我知道谁能帮助我。
- ☐ 我会好好吃饭、保证睡眠充足、适当运动,照顾好身体。
- ☐ 有压力时,我会通过适当放松让身体平静下来。

如果你已经用过上面的一些方法来减压,那就太好了。在这一章,我们还会学到更多的方法。如果你没有用过任何减压方法,或者用了一些方法但不怎么管用,在这一章里,你会学到更多的实用性技巧和方法。

有时候,你无法改变学业压力。比如,你请求老师别让你参加期末考试,这可能会让老师不高兴,而你仍然要努力学习并且参加考试。不过,别担心,我们有办法应对这些压力,你不用再为此而焦虑、乱扔东西、害怕和哭泣了。

危险！——消极的心理游戏

消极的心理游戏可不好玩。如果你试图说服自己做不好某些事情，或者出现问题时不去解决而是责怪别人给你施加压力，这时候，消极的心理游戏就出现了。它常常会给你带来沉重的压力，让你生气、焦虑和无助。

有时候，你可能已经在玩消极的心理游戏了，只是自己没有意识到。埃迪就是这样子。他说："我总对自己说，我会失败，会丢脸。我虽然很想去玩棒球，学好科学课，但是却因为害怕都不敢去尝试。"他认为尝试只会带来失败和丢脸，这让他无法体会到冒险尝试带来的成就和乐趣。你呢？你有过自我恐吓和自我贬低吗？如果有也别担心，很多人都有这种心理。因为有这些消极的心理游戏，很多人会逃避自己本来喜欢的事情。

在第1章，你了解了一些常见的消极心理，比如完美主义、自我否定和拖延，以及它们是如何引发内部压力的。现在，我们要学习一些技巧和策略，帮助我们处理那些产生压力的想法。要知道，思考压力的方式会改变你的感觉。如果你觉得"说起来容易做起来难"，那我们就先把应对压力的方法放进我们的工具箱吧。

5种有效的解压方法

如果你玩过电子游戏就知道，在游戏中可以想象自己在另外一个星系里。你仍然在地球上，但是在脑海里，你能很容易地进行长途旅行。好消息是，在学校你也可以选择用上面的方法来应对忧虑，让自己的心情好起来。即使你无法改变周围的压力，只要你能够改变思考方式，那么你就开启了应对内部压力的大门。

 练习积极暗示

大家可能不愿意向他人承认，我们经常会暗示自己。你自我对话的方式——无论是说出声，还是仅仅是内心想法——都会影响自己的感觉。你可以用消极暗示让自己的压力更大，也可以改变思考和自我对话的方式，让自己有安全感，更加积极向上。

如果你习惯了使用消极暗示，在刚开始使用积极暗示时可能会很不适应，这就像学习一种新方法来做数学题。有时候，即使新方法会更有效，也会让你更加轻松，但是如果你习惯用原来的方法做事情，你还是认为原来的方法舒服。

下面是一些可以将消极暗示转换成积极暗示的方法：

- 将"我觉得我不会"转换成"我认为我能行"；
- 将"别人都会嘲笑我"转换成"一开始，我可能不会做好所有事情，也许还会犯一些好玩的错误，连自己都觉得好笑"；

工具箱：5种有效的解压方法

- 练习积极暗示
- 克服不理性想法
- 建立自信
- 想象成功
- 向他人寻求帮助

- 将"我必须一次就成功"转换成"只要进了选拔赛,我就很高兴";
- 将"我不会做这个课题,它太难了"转换成"我要开始做这个课题,如果需要帮助,我可以求助他人";
- 将"如果别人帮助我,那我就失败了"转换成"每个人都有需要帮助的时候"。

> 将消极想法转变成积极想法,会让自己有安全感,更加积极向上!

这些积极想法是不是比那些消极想法更有用?掌握它们可能需要一些时间,但你只要敢于尝试,那么很快就会自然而然地拥有积极想法。你能想到一些自己的消极想法吗?把自己有过的三条消极想法写下来,然后用积极想法替换它们。

消极想法:	积极想法:
1.	1.
2.	2.
3.	3.

克服不理性想法

不理性想法是指那些你认为正确、实际上却错误的想法。很多小孩对学校都有不理性想法。内森就是。他说:"我考试必须得拿到100分,否则,老师就会不喜欢我,我也会觉得自己很笨。"布兰特妮甚至在六年级时,还坚信自己必须拿到全A,否则就考不上好大学。你同意内森和布兰特妮的想法吗?

第 2 章 如何克服学习焦虑

学校是学习知识的地方,而不是表现完美的地方。几乎没有人能够在所有的事情上都表现得完美。参加奥林匹克运动会的运动员也不能保证每次都拿到金牌,即使他们这次得了,也不能保证下次能够拿到。他们难道就不该为自己的努力感到骄傲吗?!

下面是一些能够帮助你的提示:

- 提醒自己,努力就是胜利;
- 扬长避短,改进自己的不足之处;
- 对自己好点儿——别的孩子数学好,或者性格特别开朗,但这并不代表你自己不行;
- 鼓励自己,相信自己的能力。

我们看看能不能帮助亚当。亚当是一个完美主义者。他也知道这一点,但不知道该怎么办。他非常喜欢篮球,因为他比其他队员的三分球命中率都高。他虽然每晚都练习投球,但在赛前还是非常紧张,因为每次他站在罚球线上时,内心压力特别大,他觉得如果他没有别的队友打得好,他的名声就彻底毁了。内心的压力让他感受不到打球的乐趣。你该对他说些什么来帮助他克服完美主义呢?看看下面帮助他的一些建议:

- 告诉他如果不能享受比赛,即使做最好的三分球投手也没有意义;
- 建议他设定切实可行的投球率,即使投不中也没关系,因为投球高手也有失败的时候;
- 告诉他即使投不中,别人也喜欢和他玩耍,所以不要因为失误而否定自己;
- 告诉他当对自己要求太高时,只要尽自己最大努力就好,别要求自己永远最好。

如果你认为上面的建议都能帮助亚当,那么你就对了!有时候帮助别人容易,帮助自己克服完美主义就有点难。所以,如果你是一位完美主义者,你也可以用上面帮助亚当的建议帮助你自己。

 建立自信

在自我感觉良好时,人们更愿意去冒险、尝试新事物、努力和积极备考。如果你认为自己开朗、幽默、聪明、善良等,那么,要不断提醒自己拥有这些美好的品质,以对抗消极的自我暗示。自信意味着不仅要学会处理外部压力,而且要避免用消极暗示打倒自己。

> 如果你自信,你就更愿意去冒险和尝试新事物。

那么,改变自我暗示真的有用吗?的确如此!这样做,不仅能够缓解你的内部压力,还可以让你的学业看起来不那么可怕、繁重和困难。

如果你经常认为自己做不好,也许你需要别人来帮助你思考原因。每个人都有自己的优点,现在让我们认识一下你的优势或长处吧!

你知道自己的优点吗?请把你知道的写在下面的横线上。当你缺乏自信时,请看一下。如果你不知道自己的优点,可以问问你的父母、祖父母、朋友或者老师。你还可以问问那些能够帮助你认识自己优点的人,然后把问到的优点补充在你的优点清单上。

→ _____
→ _____
→ _____
→ _____
→ _____

第 2 章 如何克服学习焦虑

你的烦恼我来答

夏威尔的问题：所有的朋友都比我聪明，我该怎么办？

不光夏威尔，很多学生都认为他们的朋友要比他们自己更聪明、更灵活、更有吸引力和更有趣。想一下，为什么你会认为自己不如朋友聪明。是否因为你的朋友：

- 有更好的学习习惯？
- 在课堂上提问较多，所以能更好地理解课堂内容？
- 遇到挫折时不轻易放弃？
- 怀疑自己的时候没有表现出来？

猜猜怎么样？你不可能知道所有的事情！有人知道得比你多，那是因为他在这一块的知识比你多，并不表示他比你聪明。

信心可以帮助你提出问题、发表看法，甚至更快地对情况作出反应。你如果觉得自己不够聪明，可以通过思考你的优点和运用积极暗示来建立自信。

如果你仍然觉得别人比你更聪明，你可以跟老师、辅导员和父母谈一谈。他们能够指出你的优点，帮你确定努力的方向，让你更加轻松地学习。

当你有消极暗示时，请看一下自己的优点清单，提醒自己之前做得很棒，并尝试积极暗示。你使用积极暗示越多，以后使用起来就越容易。

另一种建立自信的方法是写日记。瓦妮莎说："我尝试使用积极暗示，但总觉得很别扭。"瓦妮莎喜欢写日记，她把自己的优点以及不必表现完美的理由都写在日记里。在日记里，瓦妮莎把消极想法转变成积极想法，她认为将想法写出来要比空想更好。也许，你也跟瓦妮莎一样，把自己的想法写出来对你也有帮助。

如果你喜欢艺术，你也可以通过画画来建立自信，或者在日记里创作一部积极暗示大战消极暗示的漫画。积极暗示如何赢取战斗呢？尝试去挑战自我怀疑和消极暗示，这也是一件好玩的事情。

想象成功

如果总想象失败，你就很难成功。如果想象成功，你就可能会成功。

当然，空想并不会成功。比如，你想象着自己第一次学习西班牙语，听到老师用西班牙语跟你说话，然后你用流利的西班牙语回答，这并不意味着你马上就能学会西班牙语。如果你的目标是说一口流利的西班牙语，那么你就要在每一个小目标上想象成功，好让自己在这门新语言的词汇、发音和语法方面学得越来越好。

在学校，把精力集中在学业的每一个小目标上，要比把精力分散在整个学期的所有事情上更有帮助。所以，如果你设定了切实可

> 想象成功能够帮助你实现梦想！

第2章 如何克服学习焦虑

行的目标,一步步地设想成功,整个目标就会变得更加合理可控。想象在每一个小目标上的成功,是一种激励自己去勇敢挑战的好方法。

设定切实可行的目标,比如通常可以在几周(或几天)里就能够实现的目标,以保证自己能够成功。你也可以运用下页的梯状图。例如,塔拉想学会烘焙,那么她的梯状图的第1步就是学会用称量工具,比如该用茶匙还是汤匙;第2步是准备好所有材料。如果塔拉第一次进厨房,就想成为一名顶级的烘焙师,那么她只会遇到挫折,感到失望。所以,设定切实可行的目标很重要。请花点儿时间设计一下自己的梯状图,以保证自己能够成功做好每一步,实现自己的目标。

向他人寻求帮助

需要支持,并不是你的不足之处。事实上,你周围有可以帮助你的人是非常幸运的。在考试前,有人帮助你复习功课,要比没人帮助你而考试糟糕更好吧?再看看你周围的大人,他们有时也需要别人的帮助。医生也许需要电脑专家帮忙组装电脑,工程师能修好律师的汽车,但律师也能够在法律方面帮助工程师。知道向谁求助,并且能够找到他们,是你资源丰富、聪明和积极主动的一个标志。

将你认为在生活中可以信赖和求助的人写在下面的横线上:

✽ _____
✽ _____
✽ _____
✽ _____
✽ _____

你的
目标!

8.
7.
6.
5.
4.
3.
2.
1.

如果你不习惯向他人求助,你可以怎么说呢?下面是一些提示:

- 简短和具体。例如,不要说"我不会做数学题",你可以说:"我不知道解决这些问题的步骤,第1步我应该做什么?"
- 让别人知道你想获得帮助,从而学会一些技巧,以后就可以独立解决问题。例如,不要说"我想要你为我做这件事",你可以说:"我试着做了,但还是不明白。你能告诉我如何处理这些词语吗?然后,我再自己做作业。"

如果你需要他人的帮助,你会如何说呢?请写在下面的横线上:

➡ _____

➡ _____

➡ _____

➡ _____

➡ _____

面对压力如何调整好身体状态

大脑和身体密不可分,所以,照顾好自己的身体是一件非常重要的事情。如果你的身体处于疲倦或饥饿状态,你可能会发现自己学习的时候难以集中注意力;如果你刚参加完一场精彩的聚会回到家,那么在开始专注学习前,就必须先让身体平静下来。正如运动员在大赛之前训练身体,你也可以训练自己的身体,好在学业上做到最好。如果你通过健康的饮食、良好的睡眠和定期的运动来照顾自己的身体,那么你就能够以最好的状态迎接学校功课和家庭作业的挑战。

健康的饮食

你也许听大人们说过好多次（可能一百万次）下面的话：吃什么，长什么。在你反驳前，想一想为什么没有汽油的汽车不会动。同样的道理，我们的身体要依靠食物作为燃料来运转。吃健康的食物，不是让你忌口，或者吃特别讨厌的食物。

> 吃健康的食物，才能照顾好自己的身体，为大脑补充能量。

健康饮食不仅会影响我们的身体，也会影响我们的精力。如果你的饮食种类丰富，用餐时间规律，你就会发现自己学习的时候更专注，精力也更充沛。

即使你的事情繁多，你也会找到健康饮食的方法。唐纳德说："在星期日的晚上，我和爸爸通常会做好下周的三明治。这样，每天早上我就可以从冰箱里拿出一个三明治、一份水果和一点儿沙拉作为早餐。这需要精心计划，但接下来的一周就会比较轻松。即使忙于和朋友聊天，我也能确保自己有吃的东西。如果我需要课后辅导，我会在跟老师谈话时，问一下能否吃一包坚果或者水果干。只要你提前计划，健康饮食一点儿也不难。"也许你可以试试他的办法。

 良好的睡眠

也许你已经发现，成为青少年后，自己的睡眠习惯也改变了。有时，孩子们认为自己只需要很少的睡眠，但事实正好相反。睡眠是一个很好的学习工具。

当你睡觉时，大脑就会借此机会充电和休息。如果你总是因为在考试前疯狂学习而失眠的话，就请你继续阅读——第6章和第7章，里面会有解决方法。

如果你有睡眠问题，试着自己找一下原因。如果你整夜都在跟朋友发短信或者上网，就要试着去解决这个问题。你可以和朋友约定到什么时间就不再发短信了，或者采取其他更好的方法。例如，莱斯利说："我以前常常因为熬夜发短信而睡眠不足。后来，我决定告诉朋友，晚上9点后，爸爸妈妈不允许我用手机。爸爸妈妈同意我的做法，朋友也能接受。从那以后，我的睡眠时间更充足了。"

试着每天晚上在同一时间上床休息。在关灯前半小时，可以做一些自我放松的睡前准备活动。运动或紧张学习备考可能会让你难以放松下来，甚至更加清醒。你可以试一试读书、听轻音乐或者写日记。

定期的运动

运动一直是保持身体健康的重要方式。找到适合自己的运动时间和方式需要试验。有的孩子在学习后已经非常疲倦，不想再运动了，而有的孩子因为太疲倦而无法学习，需要靠运动消除疲倦。不过，要注意，睡前不要运动。

很多人发现运动能帮助他们放松。运动方式有很多，可以参加团体运动，也可以进行个人运动如网球或游泳，还可以到体育馆或室外参加非竞争性的体能训练，如瑜伽、舞蹈或武术。即使你绕着街区散散步，也是有益健康的。在开始任何运动前，要请教医生，确保自己可以做该项运动。

简单方法巧放松

放松法也是你工具箱里的重要工具。放松法有许多种,你可以从下面的工具箱中,挑选适合你自己的方法。

五感放松法

你可以调动所有或者部分感官来想象一幅画面,帮助自己放松。比如,想象一幅画面:你正在海滩上,看着海浪缓缓地涌上海岸、又慢慢地退回海里,听着海浪发出温柔的声音,以及远处海螺的歌声。你能感觉到海风微拂过脸庞,脚底下是软绵的沙子,闻到海水的气味,甚至尝出了咸涩。

这幅想象画面运用了五种感觉——视觉、听觉、触觉、嗅觉和味觉。有些孩子确实能够想象出一幅这样的画面,并且让自己平静下来。你呢?

> 放松法能让你的思想、情绪、身体都平静下来。

工具箱:放松法

- 五感放松法
- 呼吸放松法
- 渐进式肌肉放松法
- 摆动放松法
- 倒数放松法
- 冥想放松法

下面是一些想象的例子，它们已经帮助过一些孩子，现在也调动你的感觉，看看能不能帮助你：

- 拥抱你最爱的爷爷奶奶，你能闻到他们身上的香水味；
- 抱着你最喜欢的宠物；
- 美好的天气，躺在自家后院里的吊床上。

想象是无限的。你可以自由发挥，想象一切能让你放松的画面。一旦你善于发挥想象，你就能很快地在脑海中呈现出你最喜欢的放松画面。这个方法够厉害吧！

如果你很幸运，你也可以在现实的情境中放松自己。例如：

- 杰夫经常跟着爸爸去远足；
- 罗伯特喜欢和自己的狗坐在公园里，看着随风摇摆的树木；
- 放学后，海莉喜欢躺在床上，边听音乐边轻轻地抚摸她的小猫咪。这能让她放松下来，好接着写作业。

呼吸放松法

显然，你知道如何呼吸，因为你每时每刻都在呼吸。那么，为什么你还需要学习如何呼吸呢？实际上，当你有压力时，你的呼吸也会发生改变。有的孩子有时会屏住呼吸，有的孩子呼吸变浅，会感觉到自己在用胸式呼吸而不是腹式呼吸。正如在第1章中学到的，改变呼吸方式能够帮助你逃脱野兽的追逐，但是不能帮助你逃避考试。

然而，有很多呼吸方法能够让你平静下来，比如：

> 你可以通过呼吸让自己平静下来。

❶（如果可以，用鼻子）深吸一口气；

❷ 把注意力集中在呼吸上；

❸ 屏住呼吸三秒钟；

❹ 慢慢用嘴呼气；

❺ 将上面的步骤重复做三次。

你的内心是否平静了一些？如果是的话，那么，呼吸法对你是有效的放松方法。如果你发现自己太放松而无法集中精力，你可以尝试其他方法；如果你感觉头晕目眩，请立刻咨询医生。

渐进式肌肉放松法

你还可以利用身体的紧张或压力来帮助自己放松。在用这种方法时，呼吸保持正常就行。有些孩子在用这个方法时会屏住呼吸，要是氧气不足，这个方法可就不好玩了。

渐进式肌肉放松法分为以下三个步骤：

❶ 收紧身体，让肌肉紧张起来，先从额头开始，如果操作正确，你会感到额头好像皱起来了；

❷ 保持三秒钟；

❸ 然后，在深呼气的同时彻底放松。

从头顶到脚趾，依次收紧身体并集中注意力于每一个部位。从前额开始，然后是眼睛、鼻子、脸颊、下巴、脖子，等等。做完一遍后，你身体的所有部位都会得到收缩和放松。

肌肉收缩一般不会受伤。但是，每个人的身体状况不一样，最好还是咨询医生，看自己是否适合做这些动作。

你的烦恼我来答

克莱尔的问题：有时，我会发现自己在考前喘不过气来。你能帮助我吗？

克莱尔，如果这种现象只在你考试前出现，那么，这可能就是因为压力。但是，你也可以跟医生说一下。

首先，明确自己的考前压力是不是内部压力。自我暗示会导致内部压力。比如，你可能会对自己说："虽然我努力学习了，可我肯定会不及格。"你可以改变你的想法，试试更积极的想法，比如："我努力了，如果有一些题目不会做，以后也可以请教别人。"

如果你紧张是因为外部压力，同样有办法解决。比如，你周四有数学考试，但是周三晚上却需要练习体操。你可以询问教练能否早点结束或者换个时间练习？能否在练习体操前先保证学习？

如果你很紧张，下面的放松法可能会帮助你：

- 运用自己的五种感觉去想象放松的画面；
- 运用呼吸放松法——慢慢地深吸气，然后慢慢地呼气；
- 运用渐进式肌肉放松法；
- 你也可以尝试摆动放松法、倒数放松法和冥想放松法。

看看哪一种方法能帮你在考试前调整呼吸。

摆动放松法

你曾经通过摆动手腕来缓解痉挛吗？如果有过，那么，你可能已经知道怎样"摆动放松"了。你只需要轻轻地移动或者摇晃身体的某一部位，然后将注意力集中到该部位。这个方法的关键在于让肌肉群轻缓地动起来，不要猛烈地摆动身体。

这种方法适合处理肌肉的痉挛，但对缓解压力和紧张也非常有用。所以，摆动起来吧！

倒数放松法

这个方法不是为了提升你的数学水平，而是让大脑集中于倒数数字，从而将你的注意力从压力想法中转移出来。

比如，你可以试着慢慢地从20倒数到1，或者从30开始倒数，连续数3遍。一旦开始后，你会发现，倒数能让你从内部压力中获得短暂的休息。如果你喜欢数字，可以尝试从100开始倒数，连续数7遍。这不是比赛，所以请慢慢来。

如果你发现倒数让自己有压力，那这种方法可能就不适合你。

冥想放松法

熟练掌握本章描述的放松方法后，你可以综合地运用它们。这种综合方法并不需要太多的时间。例如，你在想象一个非常舒服的情境时，也可以进行深呼吸。有时，这种综合方法就是所谓的"冥想"。

冥想包含多种放松方法，例如不断重复一个词语（比如"镇定"），理清思路，或者仅仅专注于自己呼吸的声音。试着想出一种自己喜欢的综合方法，然后尝试一下！

 **总结**

在本章中，你读到了应对内部压力的一些方法，学习了练习积极暗示、克服不理性想法、建立自信、想象成功等解压方法，还有许多放松方法，也了解了身体健康的重要性，学会在有需要的时候向他人求助，避免消极暗示。现在，你已经知道如何管理自己的内部压力了，那么，下一章里你将学习一些处理外部压力的方法。

第 3 章
怎样应对无法控制的外部压力

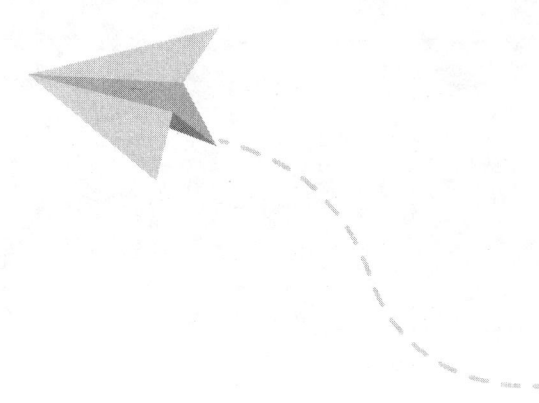

这一章主要讲述外部压力——周围那些让你感到焦虑、沉重、烦恼和生气的情形,还会告诉你如何确认压力产生的原因,以及应对压力的方法。在开始阅读前,请花点时间,将下面符合你的情况的选项勾选出来:

- ☐ 我知道,如何确认压力产生的原因。
- ☐ 我尽力去处理自己能够控制的情况。
- ☐ 我能想出不同的方法去应对压力。
- ☐ 我知道,如何做会让自己更好。
- ☐ 我能确认改善计划是否有效。

有时候,压力不是来自你的想法或者感觉,而是来自学校或别的生活压力。你可能会认为这些压力无法改变,有时候的确如此。例如,你希望你的叔叔在另一个周末举行婚礼,因为这周你要复习功课,准备期中考试。可是,你的叔叔不可能为此改变结婚日期。不过,好消息是,有一些方法可以应对这类压力。

有时候,小孩子感受到了压力,却不知道原因。比如,在上学前,安娜就感到了很多压力。看看你能找出来她的多少种压力。

安娜说:"平时,我都不用闹钟叫我起床。可是,昨晚我的弟弟们打架,吵得我一直睡不着,今天我就很累。闹钟响了后,我立马从床上跳了起来。闹钟声音太响了。起床后,我很快穿好衣服,因为第一节的法语课上有个测验,可不能迟到。在出门上校车前,我一边看电视,一边飞快地吃早餐。这时候,一条新闻插播进来,别的国家发生了暴力事件,现场很混乱。在校车上,我试着为测验温习笔记,这时我的朋友米凯拉告诉我她要搬走了,我的大脑里一片空白。所以,还没到学校,我已经没有一点精力了。"

让我们回顾一下,安娜在上学前感受到的各种压力:

- 由于睡得晚而感到很累;
- 处理弟弟们吵架的事情;
- 熟睡中,被尖叫的闹钟惊醒;
- 急匆匆地穿衣吃饭;
- 准备第一节课的测验;
- 从早晨的新闻中看到暴力事件;
- 在校车上,没有时间去复习笔记;
- 听到朋友搬家的消息;
- 因为睡眠不足和太多压力而感到精力不足。

你能指出这些压力吗?面对这些压力,安娜自然会感到精疲力竭。如果有一台时间记录仪来回顾整个过程,安娜能够改变哪些事情呢?她不能让弟弟们不打架,不过她可以用音乐或其他方式分散注意力,让自己尽快入睡,还可以换成轻柔的闹钟铃声;她不能改变第一节课的考试和世界上发生的暴力事件,不过她可以选择是在考试前还是考试后看这条新闻。这些都是个人可以选择的。她不能让朋友不搬家,不过她可以在上校车前就温习好笔记,就不需要更多的复习时间了。

如果你因为无法控制的事情而感到压力,也不要轻易放弃,你还可以控制自己的想法和感觉。接下来,你就会看到一些应对外部压力的方法。

解决问题的六步法

当压力来自你无法控制的事情时,处理起来是有难度的。不过,还是有一些解决问题的方法和策略能让你的心态更加积极,减轻你的压力。一开始会有点难,但只要多加练习,就会越来越简单。如果按照下面的指导,一步步练习,你应对外部压力就会越来越轻松。

第1步:做"压力侦探"

在处理压力之前,你要像侦探那样去探寻压力源,就像刚才分析安娜的情况一样。如果感到压力,就很容易知道原因吗?其实未必。很多孩子和大人有时候都很难找到产生压力的原因。

学校的作业和考试有没有让你感到很失落,甚至想大喊大叫?

工具箱:解决问题的六步法

- 做"压力侦探"
- 制订切实可行的目标
- 头脑风暴,想出尽可能多的办法
- 选好办法,制订计划
- 想好如何执行计划
- 总结成功经验

其实，这种感觉可能并不是因为作业和考试。如果你平时都能处理好作业和考试的压力，可这次却感到很大的压力，那一定是有原因的。比如，你没有进入地理知识总决赛，或者昨天的考试你做错了一道简单的题目，又或者你没有进入学校的曲棍球队，这些影响了你的自信心；或许你最好的朋友因病没来上课，而她总是在你有压力时鼓励你。如果你确定压力源是学业，之后就要采用相应的策略；如果压力源不是学业，你需要找到让你敏感、冲动和有压力的原因（比如，对自己在地理知识竞赛中的表现不满意）。

> 一旦确定了压力源，就可以开始处理压力了。

让我们看看安娜是如何确定压力源的。首先，她向辅导员讲述了自己早晨的糟糕经历，而且她能够指出所有的压力。跟辅导员说完后，她意识到只有两件事情与往常不一样：

- 第一件，她看到别的国家发生了暴力事件，这让她感到世界并不安全；
- 第二件，朋友要搬家。

在学习第2步之前，要先学会做自己的"压力侦探"。比如，安娜发现上面两件事才是让她感到压力巨大的原因。你是否跟安娜一样，有过压力巨大的一天？你可以像侦探一样思考问题，哪些事情让你感到压力很大？要知道，我们关注的不是你的内心想法，而是外部压力。请将你感到压力的"原因"——你的压力源——写在下面的横线上。

→ _____

→ _____

→ _____

第 2 步：制订切实可行的目标

如果你知道产生压力的原因，接下来，你就要制订目标以及思考如何实现目标。你可以问自己下面这些问题：

你的目标是否切实可行？ 提前考虑一下，你可以改变的和不能改变的事情。比如，你不想让父母工作到很晚，但却明白不能强迫父母这样做；可是，你可以把你的想法告诉父母，这个是你能做到的。再举个例子，比如，你要做一场班级演讲，你希望老师在场而同学们不在场，但老师却说需要同学在场，你该怎么办？你可以说出你的担忧，并向老师寻求建议。

制订目标时，要确保自己有能力实现。比如，安娜在制订目标时，她首先想到的是"我希望世界上所有人都能和平相处，我不想让朋友离开我"。然后，她意识到自己不能强迫所有人都和平相处，也不能让朋友不搬家，于是，她把精力放在更加切实可行的目标上：

- 学习解决冲突的方式，将来她可以自己用，也可以教给别人；
- 想一些朋友搬家后也能与她保持联系的方法。

上述两个目标，都是安娜能够实现的。

你能否改变看问题的角度？ 有时候，有些事情是你无法改变的，就像安娜不能让朋友不搬家一样；有时候，即使你的压力很大，你也不想改变，比如，你会为加入快班或者实验班而兴奋，虽然你知道这将会给你带来很多很多的作业。

如果你不能或者根本不想改变一些事情，但却想让自己的压力少一些，在上一章里，你已经学到了很多策略和技巧，你还可以尝试一种很实用的方法——"重构"。

你去过艺术博物馆吗？在那里，你是否注意到装裱画作的精美画框？虽然画作很美，可是画框却能让它看起来更精美或者更糟糕。因此，艺术博物馆有时候会为一幅画重新设计画框，从而突出画作的颜色、特征或者主题。

> 即使你无法改变一些事情，你仍然可以改变看问题的角度！

当你改变看问题的角度后，你其实正在改变自己关注的主题和想法。安娜就用了这个方法，比如，她不再希望世界上所有人停止争斗，她改变角度后说："我知道，大多数人不会发生冲突，新闻里并没有说明这一点，我要学会处理冲突的方法，让我周围的世界更加美好。"安娜不再关注暴力事件，她也意识到自己的周围并没有暴力事件发生。改变角度不仅减轻了她的压力，还让她把更多的精力放在法语测验上。

现在，你可以制订你的目标，以及思考如何积极地看问题，从而实现目标。

你能在几天、几周或几个月内（而不是明年或者几年内）实现自己的目标吗？ 有时，有些目标很美好，但却需要一年甚至更长的时间才能实现。如果你现在只有12岁，却想将来成为一名律师，你可以记住自己的梦想，不过，你要把精力放在当前切实可行的目标上，比如，现在养成努力学习的习惯，对你将来成为律师就非常有帮助。

如果你实现了目标，你真的会高兴吗？ 很多学生都希望能够加入学校的超酷社团，可是加入这个群体，可能意味着失去一些要好的老朋友、承受来自同学们的压力。所以，实现这个目标，加入超酷社团，可能并不会让他们感到快乐。

在学校，你努力做好社会调研课题（可能，你想努力做到"完美"），连续几周你每天晚上为此努力，最后得到了一个好成绩，你

你的烦恼我来答

丹尼的问题：当我在课堂上回答老师的问题时，我感觉老师讨厌我，我应该怎么办？

丹尼，想象自己是一名侦探，然后思考一下，老师的哪些行为让你觉得她"讨厌"你呢？你可以试着回答下面的问题：

- 老师对你的回答说过"不错"或者赞扬过你吗？如果有，是什么时候？
- 老师和其他同学在课堂上交流时，她喜欢简洁的回答，还是详细的回答？
- 当老师和你单独交流时，她有什么反应？
- 老师对你和其他同学一样吗？如果不一样，她是怎么对你的？
- 当你严肃回答或者调皮回答时，哪种方式让老师更生气？

回答这些问题后，你就能确定是老师的做事方式让你感觉不舒服（假设她对别人也一样），还是她对你跟对别人就是不一样，这些答案还能帮助你判断老师对你在教室里的行为有何期望。清楚这些后，你就可以重新考虑回答问题的内容和方式。

如果无法改变老师对你的态度，你可以试着改变看问题的角度：

- 你可以告诉自己，我是一个好孩子，别的老师（以及家人和朋友）都喜欢我。
- 你可以提醒自己，这仅仅是一节课，而且过了这学期我就不用再上了。

如果你真的觉得自己被不公正对待，你可以向他人寻求帮助。

会为此感到高兴吗？如果你为此没有参加堂兄的生日聚会，没有参加学校里你最喜欢的运动项目，甚至错过了自己追看的电视剧季度结尾，你觉得这个目标还值得吗？

也许你认为在短期内持续努力实现这个目标很值得，也许你认为自己的目标不能总是学习，也要安排时间做一些别的事情，如果你这么想，第6章将会帮助你学会管理自己的时间。

如果你制订的目标是矛盾的，你会选择吗？ 比如，你既想好好学习，又想参加体育活动或者其他活动，可是你的时间有限，不能全部参加这些活动，你能设立首要目标或者接下来几天或几周的目标吗？三思而后行是非常重要的。

回到安娜的事情，那天，她的首要目标是上午的法语测验，虽然她很想每时每刻都跟朋友待在一起，好让自己的心情好一些。于是，安娜告诉米凯拉，她要先控制自己的失落和伤感情绪，集中精力好好考试，直到11：15考试结束。她们约好11：25一起吃午饭，那时可以一起聊聊在搬家后如何继续保持友谊。

复习一下你之前在第1步里列举的外部压力。有一些事情你是否可以改变？你能改变自己看问题的角度吗？认真考虑一下这些事情，然后将你的目标写在下面的横线上。请记住，你制订的目标要切实可行，是你在接下来的几天、几周、几个月里能够做到的事情，而且要考虑它是否会让你感到快乐。

❋ _____
❋ _____
❋ _____
❋ _____
❋ _____

第3步：头脑风暴，想出尽可能多的办法

制订目标后，接下来要思考一下如何实现它，以及可能的积极或者消极的结果。你可以将自己的目标写在一张纸上，把实现目标的方法列出来，接下来写下这种方法的利（好的结果）、弊（坏的结果）。然后，继续思考另一种实现目标的方法。如果你把这些方法都分析完，你就很容易能看出哪一种方法的利多弊少，更适合你。

凯斯刚刚加入学校花式网球队，想尽快被老队员接纳。他计划跟他们一起吃午饭，于是，他在纸上写下了一个积极结果——午饭时间适合与老队员交流；他还写了几个消极结果，比如他的午饭时间跟别人不一样，如果他想和别人一起吃午饭，他就得提前下课。分析完这些结果后，因为消极结果很严重，他放弃了提前下课的办法。他决定在课余时间遇到他们和别的校队比赛时，他去为他们呐喊加油。同时，他也决定要向别人请教提高网球水平的方法，这些对于他来说，都能产生很好的结果。

想出实现目标的多种办法，分析每一种办法的利弊。

安娜也要为实现自己的目标——教给别人解决冲突的技巧和与朋友保持联系的方法——想出尽可能多的办法。你也可以像安娜这么做，将自己的目标以及能够想到的办法列下来，然后分析一下每一种办法的利弊。看一下安娜的"头脑风暴"清单，看看她是怎么做的。

目标：与米凯拉保持联系

方案1：在学校的午饭时间用skype聊天，这样其他朋友也能一起参加。

利：
- 有充足时间和米凯拉联系
- 好像还在和她一起吃午饭一样
- 她也能与其他朋友保持联系

弊：
- 她在新学校的午饭时间可能和我不一样
- 学校不允许在校内用skype聊天

方案2：我们可以每天晚上用skype或者电话聊天。

利：
- 有充足时间和米凯拉联系

弊：
- 我们也许就没时间写作业了
- 我们的空闲时间也许不一样
- 为了每晚的聊天，我们可能做不了其他事情

方案3：每周通电话。

利：
- 我们仍然可以保持亲密的联系
- 我们可以及时了解对方的生活情况
- 我们不需要为了聊天每晚都放弃其他事情

弊：
- 偶尔我们会错过一个电话

第4步：选好办法，制订计划

实际上这一步非常快。一旦你从自己的头脑风暴清单中选择出最优方案，你就已经完成了这一步！恭喜你，你现在已经学会如何走向下一步了！

目标：与米凯拉保持联系

方案1：在学校的午饭时间用skype聊天，这样其他朋友也能一起参加。

利：
- 有充足时间和米凯拉联系
- 好像还在和她一起吃午饭一样
- 她也能与其他朋友保持联系

弊：
- 她在新学校的午饭时间可能和我不一样
- 学校不允许在校内用skype聊天

方案2：我们可以每天晚上用skype或者电话聊天。

利：
- 有充足时间和米凯拉联系

弊：
- 我们也许就没时间写作业了
- 我们的空闲时间也许不一样
- 为了每晚的聊天，我们可能做不了其他事情

方案3：每周通电话。

利：
- 我们仍然可以保持亲密的联系
- 我们可以及时了解对方的生活情况
- 我们不需要为了聊天每晚都放弃其他事情

弊：
- 偶尔我们会错过一个电话

第5步：想好如何执行计划

如果你已经制订好计划，接下来就要决定什么时候和如何开始执行计划。比如，安娜发现，现在她还没有能力教别人解决冲突的方法，她的短期目标就是更多地了解冲突，于是她选修了一门解决冲突的课程。她说："我只有学会了这些方法，以后才能教给别人。"她的第二个目标是和米凯拉保持亲密联系，她们一起想办法后决定每周打一个电话来保持联系。

你已经了解了很多有关目标选择的内容，现在考虑一下你会如何切实可行地实现自己的目标吧。让父母、老师和朋友帮忙检查一下你的计划和目标，他们常常会给你提出许多好的建议。

第6步：总结成功经验

在你开始执行计划时，请及时回顾和检查你的进展是否顺利。如果顺利，接着执行；如果出现问题，请及时从你的头脑风暴清单中选择其他办法解决问题，保证自己的目标顺利实现。

安娜后来遇到了两个问题：一是她学习完解决冲突的课程后却不知道该如何在学校里运用这些方法，她和辅导员商量后，决定创建一个专门处理冲突的社团，结果非常受欢迎；另外一个是因为家庭或学校的原因，她跟米凯拉有时不能坚持每周都通电话，不过她们决定，如果一个人没有接到电话，她们会给对方发一封电子邮件或者短信，在本周内重新约定时间。安娜把这两个办法补充进计划里，她感到自己成功实现了两个目标。

如果你在实现目标的过程中也遇到了问题，请积极努力地找到解决问题的办法，让自己的目标顺利实现。

案例：别的孩子是如何处理压力的

你已经阅读了安娜是如何处理外部压力的，下面是一些学生的目标和计划，看看他们是如何通过头脑风暴、制订计划来解决问题的。

学业方面

泽娜的目标： 克服因为不喜欢老师而产生的挫折感。

泽娜的计划： 积极参加课堂互动，以调动自己的兴趣和参与感；改变看问题的角度，并不是所有老师上课都很有趣，这不代表老师不好，因为老师至少会教授一些重要的知识。

社会方面

伊维的目标： 当朋友们发生矛盾时，自己不再受"夹板气"。

伊维的计划： 私下和每一位朋友交谈，告诉他们自己很关心他们，但不喜欢被夹在中间。如果他们再发生矛盾，明确告诉他们："不要让我做选择。"还可以让他们向辅导员寻求帮助，解决矛盾。

世界方面

马修的目标： 减少世界上的饥饿问题。

马修的计划： 请求校长允许开展一次去当地食物存储场所参观的活动；在作文课上写一篇有关这个主题的文章，并与同学分享；问问爸爸能不能和自己一起去食物存储场所做一次志愿者。

✏️ 家庭方面

布莱恩的目标： 患重病的奶奶搬来家里养病，要合理安排学习时间，管理好自己的情绪。

布莱恩的计划： 积极寻找学习的地方和时间；把自己的担忧告诉姐姐，然后集中精力好好学习；每周制作一张"关心"卡片，每天给奶奶一个拥抱和微笑。

✏️ 该你了！

记得在第2步时你列出的目标吗？你可以试着用本章中的方法来实现它们。要记得分析每一种方法的利和弊。当你确定最佳方案时，将它们写在下面的横线上。

我的目标：

➔ _____
➔ _____
➔ _____
➔ _____
➔ _____

我的计划：

➔ _____
➔ _____
➔ _____
➔ _____
➔ _____

 **总结**

在本章中,你学会了寻找压力产生的原因,确定自己能够改变的事情和想法,以及解决问题的方法。你是否感到压力少了一些呢?下一章将会介绍一些管理学校作业的具体方法,以帮助你学会管理学业的压力。

第 4 章

学习要有条理性和计划性

在开始写作业或者做一项课题之前，有条理、有计划是很有必要的。你在家里整理作业以及布置学习环境都需要有条理，好让自己安心复习备考。做一做下面的小测试，将符合你的情况的选项勾选出来，看看你平时是不是已经开始有条理地安排学习了。

- ☐ 我有一套整理学校试卷和电脑文件的方法。
- ☐ 我记得把所有需要的书和作业本带回家，保证自己能完成作业。
- ☐ 如果有一项作业我不明白，我在放学前会向老师问清楚。
- ☐ 我知道什么时候学习我会很专心，学习效率最高。
- ☐ 我知道在哪里（比如卧室、客厅或者学校的图书馆）学习效率最高。
- ☐ 我知道自己学习多长时间而不会分心或感到疲倦。
- ☐ 我能从书包里准确拿出来自己要用的书，用完后放回去以备第二天使用。
- ☐ 我保证我能很容易拿出来自己需要的学习材料。

你勾选了多少？如果勾选了一些，那么恭喜你，你已经掌握了一些处理学校和家里事情的好方法；如果你勾选的很少或者没有勾选，你也不要担心。成功的人并非无所不知，只是他们善于学习，并且积极运用所学的技能。

本章主要讲述两个方面——条理性和计划性，这是两项很重要的执行力，能帮助你提升专注力，顺利完成作业。下一章还会介绍更多帮助你学习的可操作的有效方法。现在，让我们开始学习如何培养条理性和计划性。

如何有条理地整理学习资料

还记得前面学到的让自己冷静下来的方法吗？在阅读下面这些内容前，请先让自己放松下来，平静的心态对学习非常有帮助。如果你学会有条理和有计划地学习，你就能更好地完成作业，获得更好的成绩。

你已经让自己放松下来了吧？太好了！现在让我们先开始学习条理性！

工具箱：如何有条理地整理学习资料

- 合理归纳笔记本和学习资料
- 整理好电脑文件
- 记得把需要的学习资料带回家
- 放学前要弄清楚老师留的作业

> 让学习有条理，每天只需几分钟；而改变混乱无序的习惯，则需要很长的时间。

🖊 合理归纳笔记本和学习资料

你可能不太喜欢这些内容，可是，有条理地学习会帮你减轻学业压力。事实证明的确如此。如果你知道学习资料都放在哪里，就不再需要花时间到处寻找，你就能马上开始学习，尽快完成作业。所以，请努力养成有条理的习惯，开始学习下面的方法吧。

从上学第一天开始，你可能会陆陆续续收到很多学习资料——课程大纲、课堂纪律、考试和测验时间表——还有整个学年里慢慢积累的作业、课堂笔记和试卷。将这些学习资料收纳在对应课程的文件夹里很有必要。可是，如果数学老师、英语老师、自然科学老师等都给你发了很多学习资料，你会如何整理呢？是将它们和试卷放在单独的文件夹里或者订在一起，还是把所有的学习资料放在背包里或者抽屉里？

马库斯说："过去，我只有一个文件夹，我把所有的学习资料都塞进背包里，想着以后再想办法整理。我总是想着赶紧离开教室，不想整理资料。可是，我都不知道我的背包里有什么，一堆学习资料堆积在背包里，甚至还有一些过期的零食。我不知道该如何整理它们。"

你见过这样的情形吗？事实上，有很多整理方法适合学生使用。如果你还没有学会如何整理学习资料，下面有两种方法可能对你有用，你可以从中选择一个试一试，选择的方法要符合所有课程和老师的要求。

整理方法1：

为每门功课专门准备一个笔记本和文件夹。这个方法，就是你要为每一门功课单独准备一个笔记本和文件夹。比如，你的自然科学课的文件夹和笔记本都只有自然科学课的资料和内容，英语课和数学课也一样，都有单独的文件夹和笔记本。当你上数学课时，你只需要拿出来一个文件夹和笔记本就可以了，下课后，再把所有的学习资料放进数学文件夹里。这样归纳，你可以单独整理每门功课的资料，其他科目的资料也不会混淆。

如果你喜欢这个整理方法，你还可以在这个基础上为每门功课标上不同的颜色。如果文件夹和笔记本以不同颜色呈现，这会让你整理和使用起来更方便。比如，你将绿色作为自然科学课的颜色，将该科目的所有试卷、学校留的作业和家庭作业归纳在一个绿色的文件夹里，同时，该科目的笔记本也用绿色的。如果你没有绿色的文件夹和笔记本，你也可以在文件夹的标签和笔记本的封面上画一个绿色的标记。当你需要自然科学课的学习资料时，你只要找到有绿色标记的文件夹和笔记本就可以了。杰克说："这种方法很适合我。我把笔记本的顶部和底部都涂了颜色，很容易就能挑出来自己想用的笔记本和文件夹。我要是早知道这个方法就好了。"此外，杰克还准备了一个五颜六色的文件夹，用来收纳那些打算留在家里的所有科目的资料。

如果你使用了这个方法，你会发现需要带好几个文件夹和笔记本。这可能并不适合所有的学生。想一想自己，你在整理资料时会因为着急顺手拿起离你最近的文件夹吗？你会想着晚上回家再整理文件，但却一直没有时间去整理吗？如果你有这种经历，那么太多

你的烦恼我来答

普利娅的问题：为什么别人很容易就能整理好储物柜和书包？我却做不到。

普利娅，条理性是一项技能，就像有的学生数学好，有的学生英语好一样。有的人更擅长整理物品，不过，你也可以通过学习一些方法和不断练习来做得更好。

下面是一些归纳整理的方法：

- 找一个整理归纳的方法，把散落的学习资料和课堂笔记整理好。
- 用一个记事本记录所有科目要做的事情，晚上记得按时完成。
- 用一张清单确保自己把需要带回家的书和作业都装进了书包。
- 试着每周花上几分钟时间清理储物柜，扔掉过期的食物；重新整理书包，把暂时不用但以后要用的学习资料放到"带回家"文件夹里，放在家里。

的文件夹和笔记本会让你不知道该把学习资料放在哪里。

萨曼莎在学校的第一个星期还喜欢这种方法，但她很快就发现："太沮丧了，文件夹和笔记本这么多，就连它们都需要分类才能找到自己需要的东西。"

整理方法 2：

用一个可折叠的文件夹和笔记本，整理所有作业和资料。可折叠的文件夹一般都有不同的分区，如果你需要归纳更多的资料时，它们可以加宽，所以，你用这样的文件夹可以收纳所有的资料，要区分它们，你只需要在不同的分区贴上科目标签，比如，放数学资料的分区可以贴上"数学"标签。如此，你只需要一个文件夹就可以了。

用一个笔记本记录不同的科目，要先问问老师是否同意。这个笔记本可以按照不同的科目分成不同的部分，然后分别写下科目名称的标签。如此，你就能很快翻到对应的科目分区记录笔记，而且书包里只有一个笔记本，不用再为寻找不同科目对应的笔记本而烦恼。

有的学生很喜欢这个方法，劳拉就说："这个方法真的很好，我能很快找到所有的东西，每天放学后，我只要保证带着这个笔记本和文件夹就行。"有的学生却不喜欢这个方法，威廉姆说："我不喜欢把所有的东西都带上，如果我没有数学作业，我为什么要带着数学笔记本回家呢？我的书包已经够重了。"

整理方法 3：

回家后将笔记本和资料分类整理。这个方法需要占用业余时间，如果你在学校没有时间整理资料，只是将所有的资料和笔记本塞进书包里，那这个方法就很适合你。

使用这个方法，你需要准备一个活页笔记本和空白文件夹。每天上学，你把笔记记录在活页笔记本上，将老师发的资料放进空白文件夹里。放学回家后，你把记录的笔记本活页和资料取出来放进对应科目的笔记本和文件夹里。每天早上，你可以将整理好的笔记本和文件夹带到学校。

如果你业余时间很紧张，这个方法就不太适合你。

整理方法4：

定时清理，有用的资料分类，不再用的丢掉。虽然也要占用业余时间，但这个方法很简单：准备一个左右两边都能放资料的文件夹，将需要带回家整理的资料放在一边，不再用的放在另一边，并贴上相应的标签，如"保留""丢掉"。

在学校，你可以把需要保存的资料放在"保留"的一边，需要

丢掉的放在"丢掉"的一边。然后，在放学后或者周末，可以把所有"丢掉"那边的资料清理掉，把需要"保留"的资料整理到相应的文件夹里，你可能要多准备几个文件夹来分门别类地整理要"保留"的资料。

这个方法让你的书包里不再有没用的资料。露西非常喜欢这个方法，她说："之前我没有清理过文件夹，往往不到期末考试，我的文件夹里就非常满了。我现在是每两周清理一次，文件夹变得干净整齐。这个方法真好！"

 整理好电脑文件

有时候写作业需要用到电脑，同样的，如果你把所有的电子文件放在一个文件夹里，在需要的时候就很难找到。

你可以将文件夹用主题词和日期来命名，比如"阅读笔记-10月31日""阅读笔记-11月7日"和"读书摘要-1""读书摘要-2"等，在这些文件夹的内部，再用科目名称命名文件，如"英语""数学"，这是非常实用的整理文件的方法。艾米用了一个更详细的方法，她说："电脑里，我有三个社会学研究的文件夹，分别命名为'社会学研究-13块殖民地''社会学研究-移民'和'社会学研究-美洲原住民'。每个文件夹对应一年的主题区域学习。这样，我就可以更加简单和清晰地保存一切。"

 记得把需要的学习资料带回家

虽然听起来简单，可很多学生往往做不到。你可以试试下面的步骤：

❶ 记住每门科目需要完成的作业；
❷ 知道完成作业需要哪些书；
❸ 找到需要的书；
❹ 找到需要的文件夹或其他资料；
❺ 把它们放进书包里。

读完上面的步骤，你可能会觉得很简单，但做起来并不容易。你有没有遇到过这种情况，放学的时候，你想和朋友聊周末计划，你找他时，他正在整理书包，当聊完天时，同学们都要离开学校了，你还没有整理好书包，你只能把你看到的所有东西塞进书包里，你可能凑巧带齐了要做作业的书本，可你更可能会落下需要做的作业。

作业记录方法1：

把所有要做的作业记录在一个记事本上。你可能为不同的科目

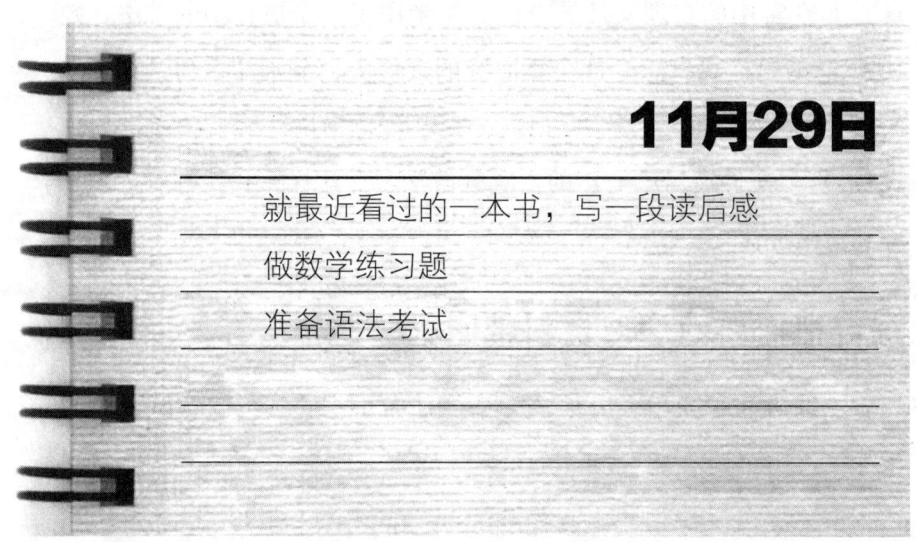

11月29日
就最近看过的一本书，写一段读后感
做数学练习题
准备语法考试

准备了不同的笔记本，不过记事本用一个就可以了。每节课都带着这个记事本，放在随手都能拿到的地方，甚至可以放在书包里的固定地方，以便随时能找到它。把老师留的所有作业记在上面，放学前，你可以照着这个记录，把你写作业需要的课本、资料和笔记本放进书包里。如果你喜欢用电子设备记事，这个方法也有用。比如，你可以把老师留的各项作业输入手机的记事本里，在放学前查看记录，就知道自己需要带什么回家了。

作业记录方法2：

用作业清单。有的学生喜欢把作业写在一张表上，这个方法也很不错。你也可以自己制作作业清单。在一张纸上画一个表格，有几门功课就画几列，将科目写在表格顶端，例如"西班牙语、数学、自然科学、社会研究、英语"，然后多复印几张。每天上学时带一张空白的清单去学校，在下课时把要做的作业和注意事项记录在清单

作业清单				
西班牙语	数学	自然科学	社会研究	英语
就最近看过的一本书，写一段读后感	做数学练习题			准备语法考试

第4章 学习要有条理性和计划性

上。比如，你在"英语"下面写上"准备语法考试"，在"数学"下面写上"做数学练习题"，在"西班牙语"下面写上"就最近看过的一本书，写一段读后感"。放学时，对照清单整理书包，每找到一项作业的资料，可以在清单上做个标记，这个标记意味着：

❶ 在离开学校前，把作业需要的所有东西都放进了书包里；
❷ 你知道你要写哪些作业。

凯特就用了这个方法，她说："这个方法真好，朋友也开始用这个方法了。我不再需要爸爸妈妈开车送我去学校拿作业或课本，而且，我再也没有漏过一项作业。"

作业记录方法3：

制作一个"需要做"和"已完成"的文件夹。你可以用一个分区的文件夹，一边贴着"需要做"的标签，另一边贴着"已完成"的标签。放学时，查看"需要做"的那些作业，带齐完成这些作业所需要的课本、资料和笔记本。等把作业做完后，就放到"已完成"的那一边，第二天就能把它们交给老师了。

放学前要弄清楚老师留的作业

贾斯汀说："带齐写作业需要的书本不一定就能完成作业，以前一下课，我就很高兴，也没有向老师问清楚作业情况，等回到家，有些作业我都不清楚要写什么！"

正如贾斯汀那样，如果你连老师留的作业都没有弄清楚，就很难按时完成作业。如果你也是这样，你可以试试下面的办法：

- 上课时，举手问老师，弄清楚作业（同学们也能够更清楚作业情况）；

- 如果课后没时间问老师，可以问问老师可不可以在放学后再请教他；
- 可以问问跟你一起上课的好朋友或者上过这门课的哥哥姐姐，他们可能会清楚作业情况。

> 不明白的地方，你可以问老师，他会认为你对他的课很感兴趣。

学习前要做好哪些准备工作

如果你已经学会了整理归纳学习资料，放学前问清楚作业情况，放学后带齐作业回家，接下来，就是学习如何在家里做好学习的准备。

首先，在开始学习时，要保证自己精力充沛，也就是说，你已经睡得好，吃得好。你可以再看看在第2章提到的如何让自己养成良好的休息和饮食习惯。身体越好，你的头脑也会越清晰。其次就是你的情绪。你会为学习而生气吗？你会担忧自己完不成作业吗？如果你紧

工具箱：学习前要做好哪些准备工作

- 确定学习的最佳时间
- 选择良好的学习地点
- 制订学习计划表
- 从书包里拿出课本
- 准备好文具材料

第4章　学习要有条理性和计划性

张或者焦虑不安，你可以尝试一下第 2 章学到的那些放松方法。

如何为学习做好准备呢？找到学习的最佳时间和地点，准备好自己学习所需要的东西是非常重要的，你可以为自己布置一个"学习区"，创造一个高效率的学习环境，让自己更加轻松地专注于写作业。下面是一些具体做法。

 确定学习的最佳时间

想一想，如何才能让自己写作业的时候效率更高。下面是一些提示：

- 课前或者课后，你有哪些业余活动？
- 你什么时候注意力最集中？
- 你什么时候会有充足的学习时间？

先看看别人怎么做的。艾迪说："我参加了体育项目，也有业余社团，所以放学后不能马上学习，回到家后又累又饿，我常常是吃完晚饭后开始写作业。我是个夜猫子，晚上也安静，所以效率很高，虽然有时候晚上做不完作业，但我第二天早起也有时间去做。"

哪个时间段学习效率最高？有时候，需要灵活处理，不过你可以制订好学习时间表。爸爸妈妈可以帮助你确定做家务或者参加别的活动的时间，你也要列一下，一周之内，哪些时间学习效率最高。比如，布莱恩在周二和周三晚上活动比较少，因此，这两个晚上他的学习时间就比较多。如果你习惯早起，早上也可以复习功课或者写作业。不过，早上学习新知识或者写作业并不是很好，

没有固定的"最佳时间"，适合自己最重要。

如果头一天晚上睡得晚或者早上有其他事情发生,你早上的时间就不够用了。

当你确定了写作业的时间,接下来就是要执行自己的计划了。如果你提前制订好计划表,你可能会更轻松地完成作业,也能做好其他活动。

时间	星期一	星期二	星期三	星期四	星期五
下午3:00					
下午3:30	乐队训练		乐队训练	写作业	
下午4:00				写作业	
下午4:30					
下午5:00	写作业	写作业			整理一周的学习资料
下午5:30	写作业	写作业	写作业		
下午6:00			写作业		
下午6:30	足球训练			足球训练	
下午7:00					
下午7:30		写作业	写作业		
下午8:00					
下午8:30	阅读	阅读	阅读	阅读	
下午9:00	睡觉	睡觉	睡觉	睡觉	睡觉

选择良好的学习地点

现在你已经确定了最佳学习时间,那么,你在哪里学习效率最高?很多孩子会在客厅的餐桌或自己房间的书桌上写作业。好的学习环境会让注意力更集中。虽然你不必在同一个地方完成所有作业，但是一直在同一个地方学习同一个科目是有帮助的。比如，鲁斯写数学作业的时候会在客厅的餐桌上，因为妈妈能够随时帮助她；写作文的时候在书房，因为书房最安静；写其他作业在卧室的书桌上；最后做阅读作业，睡前在床上看书。

有很多地方可以学习，找到适合自己的就好。有的学校会在课后或午饭后给学生留一些自由时间，学生在这个时间也可以写作业；有的孩子让爸爸妈妈带着去图书馆写作业，因为那里很安静；还有的孩子在家里学习，比如鲁斯。那么，你呢？你在哪里学习效率最高？问问爸爸妈妈自己选定的学习地点是否合适。比如，你的弟弟经常和朋友在客厅玩耍，你就不能选择在客厅写作业；你妈妈马上要用电脑，你就不能选择在书房写作业。

制订学习计划表

当你找到适合自己的学习地点后，接下来就要考虑学习多久后该休息了。奥斯卡说："如果学习30分钟后，我会感到很累，无法集

下午3：30－3：50	零食时间！
下午3：50－4：00	取出作业，确定学习场所
下午4：00－4：30	阅读
下午4：30－4：35	休息！
下午4：35－5：05	数学作业
下午5：05－5：10	休息！
下午5：10－5：40	备考社会研究
下午5：40－5：45	休息！

中注意力，那么我应该活动活动，放松一下了。"所以，奥斯卡将休息的间隔设为30分钟，让自己放松一下。他写作业时定了30分钟后的闹铃，闹铃响后休息5分钟，在这5分钟里做学习以外的其他事情——听音乐、投球、画画或与狗狗玩耍。

也许，你认为休息会拖延写作业的时间，但一般情况下，休息后你能更快地写完作业，因为短暂的休息会让注意力更加集中。想想你学习多长时间需要休息5分钟，这5分钟里不要做一些太耗时的事情，比如跟朋友聊天，因为5分钟后该学习的时候，你可能还想着朋友说的话。

从书包里拿出课本

在前面，我们学习了如何整理自己的书包。为了第二天上学时能带齐所有的书本，所以，除了正在写的作业外，你要随时把其他所有书本资料都放在书包里。比如，当你要写数学作业时，只有数学课本和资料放在外面，等你写完数学作业后，马上把数学作业和相关资料收进书包里。这样你不仅能带齐所有东西，而且也整理好自己的书包了。

准备好文具材料

在开始写作业前，准备好铅笔、橡皮、草稿纸、计算器（如果允许的话）、尺子、词典等文具材料。如果写作业要用到电脑，你可以事先把可能要用的网站（老师会告诉你）收藏在文件夹里。如果开始写作业后，你还要浪费时间去找文具，或者向妈妈要一些材料，就会分散注意力，完成作业的时间也会更长。提前准备好文具材料，你就能更加专心地写作业了。

 **总结**

这一章，我们都学到了哪些内容呢？我们学习了很多让学习更有条理和更高效的方法，比如：

如何整理和归纳笔记本和学习资料；

放学后，如何带齐学习要用的资料；

如何选择适合自己的学习时间和地点。

学会管理好自己的各门功课看上去很难，但请耐心地尝试这些方法。如果一种方法不合适，就尝试另外一种，不断尝试，总会找到适合自己的方法。

第 5 章

怎样提升学习的执行力

有一些重要的能力，可以让你更容易地完成作业，这些能力被称为"执行力"。说出来的名字很酷："妈妈，我正在执行任务呢！"执行力是指大脑帮你集中注意力完成任务的过程，它包括计划、组织、策略和短期记忆。对任何有责任感的人来说，这些能力都很重要。我们先做一个小测试，对照自己，在符合自己情况的选项前打钩。

- ☐ 不需要提醒就能开始写作业。
- ☐ 如果作业很多，知道先做哪个。
- ☐ 总是能够按时完成作业。
- ☐ 写作业的时候不发脾气，不沮丧。
- ☐ 写作业的时候专注不分心。

如果你有上面良好的学习习惯，老师或者父母总是表扬你，这是不是会让你感觉很棒？在学习的时候，有没有人一直鼓励你呢？其实，每个人都有一个鼓励自己的人——这个人就是你自己！

运用执行力——并且自我奖励——能够帮助你减轻学习压力，提高学习效率。在第7章，我们会学习自我奖励的方法。现在，我们先学习，如何做自己的教练。

这一章，我们学习提升执行力的五个步骤：开工、优先排序、时间管理、情绪控制和专注。在第4章中，实际上你学到了两个重要的步骤：条理性和充分准备。这是开始写作业前的两个基本步骤。

> 提升执行力，有助于减轻学习压力。

首先，我们学习本章的第一个步骤：开工，也就是让你顺利开始学习或者写作业。

开工：克服拖延，顺利开始学习

开始往往是最难的一步。你从哪里开始呢？哪一项是最重要的？所以，开始做一项事情还有一个有趣的名字：开工。很多孩子开始写作业的时候都很痛苦，所以往往拖延到要交作业的前一天晚上才开始写，他们不知道该如何开始或者如何激励自己开始写作业。

开工是你写作业的起点。它和学习没有直接关系，就像烘焙师在烘焙前预热烤箱一样。开工需要你重新看一下老师留的作业，好

工具箱：提升学习的执行力

- 开工
- 优先排序
- 时间管理
- 情绪控制
- 专注

> 开始是写作业最难的一步，鼓励自己勇敢开始吧！

让自己知道先开始做哪一项作业。首先，要鼓励自己集中注意力开始写作业，这其实并不难，开工也一样。

接下来该如何开始呢？在上一章，你已经选好了学习地点，那么把书包带到那里，开始下面的步骤：

① 带齐写作业要用到的所有学习资料；
② 重新看一遍老师留的作业，弄明白作业要求；
③ 检查两遍，保证自己拿出了正确的课本和笔记本；
④ 准备好你所需要的铅笔、钢笔、电脑等学习用具。

这四个步骤很简单，如果你看了自己的作业记录本、准备齐所有写作业要用的材料和文具，你就完成了这些步骤。

优先排序：合理安排写作业的次序

当你看了作业记录本，也把学习资料都带到了学习地点，接着就该优先排序了。优先排序是指确定好写作业的次序。比如，画家在开始画风景的时候，需要先决定用铅笔、水彩笔还是油画笔？是先画树林、海洋还是天空？同样的，你要知道作业都有哪些、什么时候开始做、怎么做。

优先排序听起来复杂吗？实际上，这只是要确定写作业的次序，尤其是先做哪一项作业。看一下你的作业记录本，想一下你想如何完成你的作业。你可以将作业排序或者在作业记录本上标序号，这样你就知道按照什么顺序来写作业了。

次序没有对错，有的孩子先易后难，他们觉得写完一项少一项；有的孩子先难后易，因为他们觉得自己刚开始写作业的时候精力充沛、时间充裕。戴维的方法更是特别，他说："我先做自己不喜欢的作业，给它打上序号后，就想要尽快做完，否则，我会一晚上都担心这项作业。"你的方法呢？

对所有作业进行优先排序！

你可以尝试不同的方法，找到适合自己的方法。你可以将对作业的感受作为排序的依据，就像戴维一样（见下图）；你还可以在第二天要交的作业上标记1和2，在第三天和第四天要交的作业上标记3和4，不过，一定不要忘记写作业。

如果你需要准备一个考试，复习内容包括很多课文、很多词汇或者数学公式，你该如何安排呢？如果你要做一个需要花费几个小时甚至几天才能完成的大作业，你该怎么办？这种情况下，你可以提前制订计划，将大作业分成小作业，按照优先排序的方法安排这些小作业。比如，假设在一周后有一次考试，考试范围是课本的20页内容，你不需要整个周末都为这个考试复习，因为你还有平时的4个晚上可以复习，每个晚上复习1/4的内容，你就能完成这项作业。你只需要把"准备考试（5页课本内容）"加在每天的作业清单上。这个复习方法能帮助你减轻学习压力，还能帮你提前完成作业计划！

12月29日

1）就最近看过的一本书，写一段读后感

3）做数学练习题

2）准备语法考试

如果你的考试或者交大作业的时间是在几周后，你可以用一张月历表，把作业都记录在这张表格上。

下面的表格是梅丽莎3月份的计划表：

3月

星期日	星期一	星期二	星期三	星期四	星期五	星期六
第一周	做数学卷子 为英语课写一段话	健康考试备考	做1/5的DNA课题 健康考试复习备考	做1/5的DNA课题 复习拼读词语以备考下周测验	健康考试	
第二周	做1/5的DNA课题 开始备考拼读测验	做1/5的DNA课题 复习拼读准备测验	做1/5的DNA课题 拼读测验	检查DNA课题的错误	DNA课题截止日期	
第三周	复习5页地理课本 做数学卷子	复习5页地理课本 复习西班牙语语法和词汇	复习5页地理课本 练习西班牙语语法和词汇	复习5页地理课本 复习地理阅读作业	地理考试	
第四周	开始备考数学考试 复习西班牙语语法和词汇	复习数学准备考试 西班牙语语法考试	数学考试	写自然科学实验报告		

如果你有很多作业要写，你可能会很痛苦。在学会这个方法之前，面对很多作业，艾米丽也很痛苦，甚至想把作业扔到窗户外面去。她说："之前我都不能去想要做那么多作业，幸好，我没把作业扔掉。之前我不知道可以把大作业分成小作业去做，现在我学会了优先排序，知道如何集中精力先做好一部分，并不用一下子全部做完。我不再为作业感到恐慌，写作业也变得简单多了。"

优先排序是很重要的，因为它能帮助你集中精力做近期重要的作业。不过，不太紧急的作业同样也要做好，因为这些作业最终会影响你的考试或者课题成绩。

如果学会了优先排序，接下来就该学习时间管理了。

时间管理：控制好做每项作业的时间

时间管理是指你为每天要做的事情找到合理有效的方式。每天，你都有很多事情要做。放学后，你要写作业，或者踢足球，或者上音乐课，或者想跟朋友们一起玩、看电视、打游戏。吃过晚饭后，洗漱和睡觉。这些事情，你是如何安排的呢？

首先，你要想想做这些事情需要多长时间。比如，如果你不清楚做2张数学卷子或者读30页的课本要用多长时间，你可以自己计算一下时间（不是着急匆忙地做），然后再将要做的事情合理安排进日程表里。

下面是一个分步骤的方法：

❶ 将放学后要做的事情列一个清单；
❷ 对这些事情进行优先排序；

❸ 试着用几个晚上算出做每件事情需要的时间，如做数学作业、吃晚饭和洗漱各需要多长时间；

❹ 从放学后到睡觉前，有多长时间可以做这些事情；

❺ 如果想做的事情太多而时间不够，有没有一些事情可以更快做完？比如，缩短跟朋友聊天的时间，或者把看电视的时间挪到周末，你可以灵活安排；

❻ 将需要花较多时间才能做好的作业列出来，比如写一篇英文作文。将这些作业进行优先安排，然后在一周内找一个时间充足的晚上，集中精力做这些作业。

如果你已经学会了计算时间，让我们假设一下：你做数学练习要用10分钟，写词汇作业要用15分钟，阅读两篇短文需要35分钟。这就是60分钟。如果你从学校回到家的时间是下午4：00，下午6：00吃晚饭，7：30要去踢球，那你什么时候写作业呢？（提示：在到家和晚饭之前，下午5：00—6：00怎么样？）如果你的作业太多而时间不够怎么办？踢球前有1个小时，踢完球到洗澡睡觉还有半个小时，可是你的作业要2个小时才能写完，你怎么办？你是不是要早点开始写作业呢？在学校午饭后或休息时，你能否挤点儿时间做一点作业？你能早上在去学校前做一点作业吗？答案没有正确与否，关键是你要计算好写作业需要的时间，并且找时间来完成作业，目标是不仅要完成作业，还不要给自己太大的压力。

雷计算了自己写作业的时间后说："我写作文需要的时间很多，因为我要想很久才能想出来怎么写，写完后要检查两遍才行。每当要写作文的时候，我总是在很早的时候就开始准备写了。我不喜欢因为写作业而失去跟朋友们玩耍的时间，可是如果没完成作业而被老师点名，我又会感到紧张和尴尬。"

如果要准备一场大的考试或者一篇作文，你可能就要为学习安排更多的时间，减少玩游戏或者其他活动的时间。要知道，你以后会有时间玩游戏的。

现在，你已经准备开始写作业（注意力开始集中），对作业进行了优先排序（决定写作业的先后次序），做好了时间管理（知道做作业需要花费的时间）。祝贺自己吧！你已经差不多做好写作业的准备了，再经过两个步骤，就可以完成作业了。

情绪控制：积极解决学习问题

运动员要想赢得比赛，就需要管理好自己的情绪。即使对教练不满，运动员也必须服从指挥并遵守规则。如果一名篮球运动员很烦躁，推了裁判一下，或者他情绪失控，和裁判发生肢体冲突，那么他将面临严重的后果（也就是惩罚）。控制自己的情绪并不是很容易的事情，它就像学习某项运动——需要练习！还记得前面提到的艾米丽的故事吗？她因为作业太多而烦躁到想把作业扔到窗户外面。这个步骤主要是让你心平气和地写完作业。在第2章中，你读了关于放松的方法。在开始写作业前，你可以复习一下它们。

如果你不知道如何做社会学作业，你会怎么办呢？你是一筹莫展、大声尖叫，还是讨厌老师、骂自己"笨蛋"或者哭泣呢？其实，这么做都不会解决问题。

控制好自己的情绪，是指你没有被情绪打败，还要慢慢培养自己处理问题的能力——比如相信自己能够完成有难度的作业。虽然下次你会在离校前向老师请教功课或作业的难题，不过，这次你该怎么办？

下面是一些提示：

- 仔细阅读老师发的资料上的提示；
- 看课本上是否有对特定词语的解释；
- 给老师或同学打电话；
- 给老师发邮件，寻求他的帮助；
- 先完成自己会做的作业，然后在课前跟老师沟通，告诉老师自己想完成作业但需要帮助。

吃好休息好时，你更容易控制好情绪。写作业的时候也要提醒自己：不要追求完美，如果你懂得中学的所有功课，那么你就已经上大学了。

有时，你会感觉功课太难了。所以，请记住：

> 做自己的教练，激励自己！

- 说一些像"我不会做"或"我是个笨蛋"之类的话，只会让你不敢尝试；
- 不要说"我不能"，想一下勇敢小火车头❶的故事，要说"我想我能"，勇敢去尝试，我们的想法会改变我们的行为；
- 越相信自己能够完成作业，你的压力就越小。

---

❶ 勇敢小火车头讲述一个从未运过货物的小火车头，不断给自己鼓劲："我想我能做到！"终于拉着食物爬上了山顶。

你的烦恼我来答

明迪的问题：我喜欢做饭，我长大后想当厨师。为什么我还要去上学？

很多人认为，只要做自己喜欢的事情就好。其实，学校能帮助学生学到将来工作需要的执行功能技能。如果你想成为一名厨师，想一想在学校能学到什么。其实，在学校，你能学到：

- 制作清单列表（组织能力）
- 处理很多事情（优先排序）
- 按时完成任务（时间管理）
- 应对工作压力（情绪控制）
- 看菜谱需要的数学和阅读能力
- 团队协作能力

你可能还会学到其他能力。例如，在学校，你能学会更多知识，选择更多的职业。你可以决定是否改变自己的职业，让做饭成为你的爱好；还可以和同龄的小伙伴们一起玩耍、运动或者演话剧。当你为上学而烦恼的时候，可以想想上学的这些好处。

面对作业，有时候，你会觉得很有趣，能积极乐观地去完成；有时候，你会难过、失落，只要不影响学业，这都很正常。斯蒂芬说："我很讨厌音乐老师留太多作业，为了报复老师，我就不写他留的任何作业。结果是，我没有进入合唱队，爸爸妈妈对我的成绩也很失望。其实我只是害怕自己完不成作业。不写作业导致考试不及格。好的方法就是……不逃避！"

逃避写作业的压力，刚开始会让你感到很轻松，可是，当你承受交作业的痛苦时，你就会觉得短暂的放松是不值得的。你有没有过这种"逃避还是写作业"的矛盾？很多孩子常常为此而纠结。你是如何激励自己去写作业的呢？其实，前面的步骤（甚至最后一个步骤）都能在10分钟之内做好，你是不是感到轻松了一些！

专注：学习时不为别的事情分心

做好一件事情，需要专注和责任感。假设一位员工告诉经理：办公楼的地下室有天然气的气味，经理说会去调查；可是，经理却因为正在考虑度假的事情，并没有重视员工的话，也没有调查跟进，导致了严重的后果。

专注是指集中精力做好手头的事情，不为别的事情分心。比如，该学习的时候，要把注意力放在正在写的作业上，而不是想着朋友的生日聚会。专注让你更容易管理好自己的学习和社交生活。

该学习的时候，如何不再为别的事情分心呢？下面是一些有效的方法：

- 把要做的事情列成清单放在手边，这样你就不会忘记；

- 换个房间，挑选一个让自己不容易分心的房间；
- 放舒缓的轻音乐来阻挡家里的其他噪声；
- 了解自己的最佳学习时间（精力充沛、注意力集中的时间）。

专注也意味着你注重细节，这样你才能很好地完成作业。比如，你认真听了老师对作文的要求，就不会写错主题。还有一些细节很重要：作文写多长？是否要交数学作业？以及课题的上交日期？是否在社会课题研究中增加"参考文献"？如何记录自己完成的部分作业？

布兰特妮的方法能让她集中精力做完所有作业，她说："我把每一项作业都记录在不同的废纸上，当写完一项作业，仔细检查没有问题后，我会将废纸揉成球，扔进纸篓里。我喜欢运动，特别是篮球，所以这也是为自己找点乐趣。当所有的废纸都被扔进纸篓里后，我就知道作业写完了。"

完成作业和很好地完成作业可不一样。一定要再次检查你的作业，保证自己按照老师的要求做完了作业。你有没有答完所有的问题？你是否使用了合适的标点符号？你写的句子是否完整？你是否在卷子上写了自己的名字和日期？你甚至可以建立一个"双检查"系统来保证自己完成了所有的作业。例如，在两次检查之后，你可以从作业记事本上画掉每项要求，或者，在两次检查后，你可以在作业记事本上的每项要求旁贴一个笑脸。

乔伊拿了一些他三岁弟弟的贴纸（经过弟弟的允许！），每完成一项作业并且检查后，他就把一个贴纸贴在一张纸上。他决定将贴纸拼成一个长曲棍球的图案，这让他觉得写作业也很有趣。你觉得哪种方法有用呢？

 **总结**

在本章中,你学习到一些提升执行力的重要步骤——开工、优先排序、时间管理、情绪控制和专注。你可以在全家一起吃晚餐的时候,把它们分享给家人,告诉大家你马上要运用这些步骤了。

现在,你已经会理性对待你的作业,再也不用因为作业而焦头烂额了。在开始写作业前,学会一些高效的执行方法对你是非常有帮助的。继续运用这些方法,你会发现,经过练习后,你的学习能力也越来越强了。

在接下来的两章中,你还会学到一些帮助过其他孩子的学习方法。其实,学会如何学习与学习跳舞、踢足球或者别的活动是一样的。这些方法不仅能够提升你的学习能力,而且能够帮助你建立自信。

第 6 章

如何更高效地利用时间

读了前面的内容,你是不是已经学会了很多本领?比如,如何寻找压力源;如何减压;如何整理学习资料;如何提高学习效率。那还记得在上一章里提到的时间管理吗?时间管理能够帮助我们利用好时间,减轻焦虑,决定我们该做什么、不做什么。

这一章,你会学到很多时间管理的技巧,帮助你更高效地学习。先做一个小测试,在符合你的情况的选项前打钩。

☐ 即使上网,也能合理利用好时间。

☐ 按时完成作业,大作业提前制订计划。

☐ 把握时间,作业整洁没错误。

平时你能做到上面这些吗?做没做到都没关系,这一章里有更多的时间管理技巧。

你会合理利用时间吗

有时候,去写作业还是去玩,是很难决定的。比如,朋友让你下午跟她全家一起去游河,游河很好玩,你很想去,该如何决定?

虽然你需要询问父母的意见,但最终还是要你自己决定。如果你还没完成作业,并且作业第二天就要交给老师,在家里写作业就是最好的选择。

随时都能上网,让现在的学生管理时间变得更难。有时候,老师会让你上网查资料写作业;有时候,团队的课题也需要上网才能完成。网络让我们能够很快找到需要的信息,可是也带来了很大的干扰。

网上有很多好玩的网站,还能随时聊天,团队课题很快就能变成集体聊天,你可能很想和大家一起聊天而不想写作业。自我控制其实很难,你该怎么办?

大人可能会说,你要学会平衡即时满足和延迟满足。即时满足源于你马上得到自己想要的(与朋友们聊天),延迟满足源于长期目标的实现(完成作业后,感到轻松快乐)。

接着往下读,看看如何平衡学习与网上社交。

工具箱:合理安排时间

- 计时器方法
- 学习第一,社交第二
- 学习时不上网
- 安排好与朋友们玩耍的时间

计时器方法

玛利亚就用这个方法,她说:"如果需要在电脑上做作业,我会提前分配好时间,比如在这项作业上最多能用多长时间,然后就必须去游泳、吃饭或者做其他事情了。上网时,我用游泳教练给我的计时器设定好时间。如果有30分钟可以上网,而写作业只需要20分钟,那我除了完成作业外,还有几分钟时间可以和朋友聊天。除了有时候因为太想聊天而不愿意下线外,大多数时候我都能做到。有一次,朋友在离线的时候还特别感谢我,因为她也还没写完作业。这个方法真不错,大家可以尝试一下。"

和玛利亚不一样,斯蒂芬上网的时候总是被其他有趣的网站吸引,他说:"我本来应该为作业查一些资料,可我很快就想看看自己喜欢的球队的情况,或者查一下我需要如何准备即将开始的夏令营活动。等我回过头来查资料的时候,我发现,我只在作业上花费了5分钟时间,而查看其他事情则花费了40分钟。我尝试了玛利亚的计时器方法,当闹钟响起后,我把网址收藏起来等以后再看,继续写我的作业。这个方法真的很管用。"

学习第一,社交第二

写作业前,你可能会想和朋友们或家人玩耍,或者你认为拒绝他们会很不礼貌。这时,如果你认为社交第一,那你就没有时间写第二天要交的作业,这会让你感到紧张。接下来我们会提到一些方法,让你学会礼貌拒绝别人,还能得到他人的理解和支持。

迈克尔说:"我在电脑上写完了作业后,上网看看朋友们都在干什么,我给大家打了招呼,然后说,如果他们还没写完作业,我等会儿再联系他们。跟同学一起在网上交流课题，我也会说服大家先做完课题再聊天。有一次，一个朋友说，好的，长官！他有点生气了，可等大家都写完作业后，他们都认为我做得对。"

> 有很多方法可以平衡好学习和社交。

艾比也有一个好办法："将聊天工具设置成离开。朋友们看到后就知道我现在无法聊天。等写完作业后，再更改设置，让大家知道我现在有空。这是一个让大家知道我何时能在网上聊天、何时不能的简易方法。"

学习时不上网

有时候，写作业不需要电脑，那么要先做完作业，然后将上网作为完成作业后的奖励。

安排好与朋友们玩耍的时间

在与朋友相处时，时间管理同样重要。在完成作业、课外活动、吃晚饭等事情后会有多少空余时间，能否跟朋友一起玩？如果朋友们要出去玩，可你的时间却不够，你可以制订一个计划，在周末或其他空闲时间和朋友们一起玩，这也是给自己一个小奖励！

学会制订时间计划表

在制订每天晚上的计划时，想一想在上一章中看到的一条提示：除了第二天要交的作业外，你还需要每天晚上做一些长期作业，以免所有事情都堆在最后的时间里去做。

杰米的方法就很棒。他说："我用数学方法来做长期作业。首先，我会把长期作业分成几个小步骤，完成每个小步骤的时间设定为15分钟，然后计算小步骤的数量。每天晚上不用花太多时间就能完成一个小步骤。我把这些步骤做成了梯状图，每完成一步，就给它涂上颜色。当完成梯子的最后一格时，就给自己一个奖励。"（第7章会讨论一些自我奖励的方法。）杰米的步骤图呈现在下一页。杰米将他做演讲的步骤列了出来，演讲主题是他喜欢的一名运动员的生平。

用杰米的方法，你也可以为每个小步骤制订时间表。如果你有一套日历，一个需要10个步骤才能完成的长期作业，你可以在日历上标明完成每个步骤的时间（与你每晚的作业放在一起考虑）。如果你周一、周二和周四的下午时间充足，你就可以将这些步骤安排在这些时间（看杰米是如何安排每一个步骤的）。记住：每个步骤只占用每天的一点儿时间。

3月

星期日	星期一	星期二	星期三	星期四	星期五	星期六
	第1步	第2步		第3步		
	第4步	第5步		第6步		
	第7步	第8步		第9步		
	课题的第10步（自我奖励！）				课题截止日期	

杰米的课题

给全班同学做演讲！

10. 对着镜子练习演讲，用展板上的图片展示他生平的不同阶段。

9. 从网上打印出他的照片，然后将它们贴在展板上。

8. 写出他与众不同的地方（1~2张内附卡片）。

7. 写他的职业运动生涯——球队的不同的阶段（1~2内附卡片）。

6. 写他如何进入这项运动领域以及他的个性特点（1~2内附卡片）。

5. 写好主人公童年的内容（1~2张内附卡片）。

4. 继续阅读主人公的相关材料。

3. 阅读第2步的打印材料和第1步在图书馆找到的图书。

2. 上网搜索有关主人公童年、个性特点和运动生涯的信息。

1. 决定写谁，到图书馆里找有关这个人的书。

你的烦恼我来答

坎耶的问题：我有很多有趣的事情要做，可是时间总是不够用，我该怎么办？

有趣的活动往往让生活更加丰富多彩。不过，有时候你会发现，如果每天要做的事情太多，往往会让人精疲力竭。

下面是一些帮助你的方法：

- 首先，制订你的时间计划。你能在秋天加入艺术团，冬天加入运动队，春天参加摄影小组吗？
- 有时，你可以做很多事情，不用一次都做完。
- 你可以将事情进行优先排序，并且用一些时间管理的方法，为自己找到更多时间。
- 留出你的"个人时间"，并在时间表上安排好。

如果还是没有足够的"个人时间"，你可以考虑修改时间表。

让作业干净整洁的方法

无论是课题,还是平时的作业,都要干净整洁。即使你完成作业花了很多时间,可是如果字迹潦草,作业本也皱巴巴的,老师可能会认为你写作业不认真,甚至认为你不重视这门功课。

> 作业卷面干净整洁,会让别人认为你重视你的作业。

教社会课的高老师说:"我总是告诉学生要认真写自己的作业,如果作业潦草杂乱,我会认为该学生并没有用心去写作业。"

史黛丝知道作业的形象会影响老师的态度,可是,她遇到了另外一个麻烦。她说:"我的作业每次都干净整洁,没有拼写错误。可是,我讨厌写长作文,还自认为找到了一个解决办法。有一次,英语老师要求写一本书的读后感,要求写两页纸。我使用了大号字体,还把页边距放大了,这样就不用写这么多了。这个办法看起来很不错,可是老师后来打电话给我时,我感到很羞愧,现在我意识到我在作弊,可是,我并不是故意的。"你也可以从她的经历中吸取教训。

在上交作业前,请认真查看你的卷面情况。花一分钟时间检查一下:

- 纸张干净整洁,没有揉搓、破裂或损坏;
- 书写清楚整洁;
- 字号和页边距是老师允许的;
- 没有拼写错误;
- 作业完整、正确。

第6章 如何更高效地利用时间

总结

在这一章里,你学习了平衡学习和玩耍的方法,合理安排短期和长期作业的方法,以及保证作业干净整洁的方法。在下一章里,我们会介绍更多的学习方法,让你顺利完成学校作业。

第 7 章
既有效又有趣的学习方法

本章重点关注学习方法。你有没有一种既有趣又有效的学习方法？做做下面的小测试，看自己是否用过下面的一些学习方法：

- ☐ 我了解自己的学习模式，在学习上会合理运用。
- ☐ 我会组词或造句子来帮助自己记忆（记忆法）。
- ☐ 我会用学习卡片、网上游戏或者自编游戏来进行自我测验。
- ☐ 我喜欢把正在学习的东西给别人讲一遍。
- ☐ 我在学习时会设置闹钟，跟时间比赛。
- ☐ 我会画表格、网络图或者地图来整理思路。
- ☐ 我会用标记号或者记笔记的方法来记住重要的学习内容。
- ☐ 我会把学习方法和考试要求结合起来。
- ☐ 我会对着镜子练习演讲。
- ☐ 我会避免在考试前临时抱佛脚。
- ☐ 在完成困难（或烦人）的学习任务后，我会奖励自己。
- ☐ 我有时候会想到写作业的新方法。

如果你勾选了一些选项，说明你已经知道一些对自己有帮助的学习方法。你使用这些方法越多，就越能轻松地选择不同的方法去做不同的作业。将学习方法和学习模式结合起来，对你非常有帮助。你适合哪种学习模式呢？下面的内容会帮你找到答案。

哪种学习模式最适合你

我们的五种基本感觉——听觉、视觉、触觉、嗅觉和味觉，都能帮助我们学习和记忆。不过，嗅觉和味觉往往能帮助你记住一个假期（例如美食和沙滩上咸涩空气的味道），听觉、视觉和触觉则能够帮助你写作业。这些分别被称为听觉（听）、视觉（看）和动觉（触觉）型的学习模式。

如果你知道自己最适合用哪种方式学习，那么，你就可以使用这些知识帮助自己学习。下面的例子是听觉型、视觉型和动觉型的学习者在学习时通常采用的学习方式。

听觉型学习者

听觉型学习者适合用听和说的方式学习。如果你是听觉型学习者，你可以用这种方式。在写作业时，你可以大声诵读作业材料，同时聆听自己的声音，重复地读更能帮助你记牢一些内容。有些学生喜欢在学习或者阅读时，把自己的声音录下来，然后在临近考试前再听听。

为了让学习方式更有趣，你可以把要记住的内容编成一首歌。你可以用最喜欢的一首歌的曲调，把要学习的内容当歌词，来复习总结你的学习内容。莎拉喜欢歌剧，她就创作了一首歌曲，内容是关于年轻士兵在美国南北战争中的英勇战斗，以及他们遇难时家人的悲伤。史蒂夫喜欢说唱，他把DNA和细胞组成的相关内容编成了说唱歌词。史蒂夫还教朋友们学这首歌，朋友们也觉得是这首歌帮助他们通过了考试！当然，单单一首歌并不能容纳全部学习内容，不过，这种方法有助于你加强记忆。

视觉型学习者

视觉型学习者适合用观察材料或阅读的方式来加强记忆。如果你是视觉型学习者,请阅读,再阅读!你要跟同学们讨论一本书里的人物,如果你喜欢画画,你可以把这些人物画出来。这么做,可以更好地记住他们(如果你既是视觉型又是动觉型的学习者,画画不仅能让你观察图画,而且能让你的手动起来)。你可以用一些想象方法,比如,这本书里的一个人物没有看到家里真正的问题,你在画他的时候可以不画他的眼睛。画画能够加强记忆。

如果需要记住一组词语,你可以把它们变得可以看见以及有意义。例如,你要记住"桌子""猴子"和"树",你可以画一张在桌子上的猴子准备爬树的画。这种方法对科学课的学习很有帮助。你需要记住一些事物的组成部分,例如水的组成。约瑟为了记住一个水分子是由两个氢原子和一个氧原子构成的,就画了两个氢女孩和一个氧男孩在一起跳舞的画。你也可以找到适合你的方法。

动觉型学习者

动觉型学习者适合通过触摸和动作来学习,身体动起来时学习效率最高。如果你也是这样,你可以调整学习方法,让它更加适合你。马克思就找到了一种对他有效的学习方法。他说:"在学校时,我可以很安静地在教室里学习,可是,在家里我发现了更好的学习方法。天气不错时,我和弟弟就会去投篮。他给我说一个单词,如果我拼读正确的话,我就会投一次篮。否则,我就得把球给他,并且在他投篮之前,给他出一道数学题。我们几乎感觉不到自己是在学习,而这种方法却能够让我们学得更快!"另一种帮助动觉型学习者的学习方法是写笔记。写和抄笔记的过程能帮助你记忆。

无论你是哪种类型的学习者,有时候,复合型的学习方法都会对你有帮助。接下来,你会发现更多的学习方法,你可以把它们放到工具箱里。

11种高效学习方法

有很多不同的学习方法可以帮助你学习,学习没有唯一的正确方法。你可以尝试下面的方法,看看哪些方法对自己最有帮助!

工具箱:高效的学习方法

- 创建记忆法
- 自我测试
- 给别人讲
- 和闹钟竞赛
- 画结构图
- 画重点内容
- 记笔记
- 将学习计划与考试要求相结合
- 对着镜子练习
- 不要临时抱佛脚
- 自我奖励!

创建记忆法

记忆法这个词很有趣，它是帮助你记住事情的"词代码"。想象一下，你得了奥斯卡奖，你需要一种方法帮助你记住一系列你要感谢的人，记忆法这时候就很有用了。

用词语创建记忆法有多种多样的形式。记忆法可以用在大部分科目的学习上。创建属于自己的记忆法很有趣，不过，我们先来看看已经被人们使用了好多年的一些记忆法。

创造一些有趣的句子。有时，人们创造一些有趣的句子来帮自己记住一系列事情。每个单词的首字母是记忆的关键。例如，你听过"请原谅我亲爱的婶婶莎莉（Please Excuse My Dear Aunt Sally）"这个句子吗？每个单词的首字母都是大写，因为那是需要记住的重要字母。这个句子实际上是让你记住数学运算的顺序。顺序是："括号优先，先乘方再开方，先乘除后加减（Parentheses, Exponents, Multiplication, Division, Addition, Subtraction）。"你看到句子中每一个单词的首字母对应数学运算顺序中的首字母了吗？如果死记硬背这个运算顺序，就比较困难和无趣。

如果你的英语老师让你记住这组作者：莎士比亚、迪金森、海明威、菲茨杰拉德（Shakespeare, Dickinson, Hemingway, Fitzgerald）。你能想到一个句子来轻松记住这些名字吗？你需要一个以字母S、D、H和F开头的四个单词组成的句子。它可以是你想要的任何句子，比如："沙姆的狗有皮毛。（Sam's Dog Has Fur.）"你明白这个方法了吗？

创作短语或诗。另外一种可能对你有帮助的记忆法是：用一些短语或诗句帮助你学习。下面举一些例子：

- 拼读提示：要拼读"朋友（friend）"，请记住，你们始终是好朋友。"朋友（friend）"是以单词"终止（end）"结尾的。

- 一条常用的拼写规则：记住"I在E前，除非I前出现了C"（拼写单词时，i在e前，如果i前出现了c，这时相反即i在e后）。

- 一条关于历史的提示："哥伦布在1492年发现了美洲，我在找到你之后发现了一位好朋友"或者"在1492年，哥伦布越过了蓝色海洋"。

创作一个首字母缩略词。有时你可以创作一个缩略词——一个由短语或词组的首字母组成的单词。例如，"新闻（NEWS）"能够帮助你记住四个基本的方位，即北（north）、东（east）、西（west）、南（south）；还可以用"ROY G. BIV"来帮助你记住彩虹的颜色顺序，即红（red）、橙（orange）、黄（yellow）、绿（green）、蓝（blue）、靛（indigo）、紫（violet）。你能想到别的缩略词吗？

除了记忆法，还有别的学习方法可以帮助你加强记忆。

 ## 自我测试

自我测试是检验学习内容的好方式。在写下问题时，你会了解你所学的内容，同时也会对问题的答案加深印象。这个方法很有趣，下面是一些例子。

玩《危险边缘》游戏。你观看过《危险边缘》（美国哥伦比亚广播公司的益智问答游戏节目）吗？在这个节目中，参赛者必须马上给出与答案对应的问题。例如，如果答案是"心理学之父"，参赛者可能需要精确地说出问题，"西格蒙德·弗洛伊德是谁？"

你可以根据自己需要的学习内容，制作自己的《危险边缘》展板（见第101页）。贝卡尝试了这种方法，她说："在准备游戏展板时，实际上我也在学习。"你也可以准备一些简单和困难的问题，然后给它们不同的分值，可以让父母来测验你，或者和同学一起做这个游戏，并给自己准备一些好玩的奖励！

制作学习卡。有些人可能不想用学习卡来帮助自己学习，虽然这个方法已经有很长的历史了。有些学生觉得这个方法很好，你也可以试一下。在卡片的一面写上问题，另一面写上答案，其实仅仅是在卡片上写出问题和答案，就能帮助你记忆。

用学习卡时，你可以随机摆放卡片的顺序（就像老师在考试中可能随机排列问题的顺序那样），让自己真正地掌握这些内容。你也可以找别人来测试你。他们会拿学习卡测试你，如果你回答不上来，他们还能给你展示正确答案。另外，学习卡还可以用来看问题回答答案，或者看答案回答问题。

还有一个好玩的方法就是玩注意力游戏。你以前玩过这种游戏吗？为了达到学习的目的，试着在一张卡片上写问题，另一张卡片上写答案。在两张卡片上写下密码（例如"BB"）来确保自己知道这两张卡片是对应的。然后，把所有的卡片朝下放在地板上。选择一张卡片，如果问题是"美国独立是在哪一年？"然后，你需要找到有答案"1776年"的那张卡片。你可以试试，你会发现这个游戏真的特别好玩。你可以一个人玩，也可以跟朋友一起玩。

使用APP和网站。一些网站和APP上也有一些有趣的游戏能帮助自己学习，对此你可能会感到吃惊。其实，有很多APP可以帮助你

> 学习卡可以被当作游戏来玩。

科目：健康

锻炼	营养	疾病	安全和健康
100分	100分	100分	100分
两种改善心脏的积极锻炼方法	西红柿属于哪种食物组合	两种损害肺部、造成呼吸困难的疾病名称	两种降低患糖尿病概率的方法
200分	200分	200分	200分
三种改善心灵的锻炼方法	三种高钙的食物	身体无法使用胰岛素的疾病名称	每天晚上应有的睡眠时间
300分	300分	300分	300分
减掉一磅需要燃烧多少热量	五种健康的蛋白质来源	保护身体免受疾病的系统	穿多少衣服才能达到最少量的SPF（Sun Protection Factor，防晒系数）
400分	400分	400分	400分
BMI（Body Mass Index，体重指数）的意思	饱和脂肪和不饱和脂肪的区别	抗感染的两种细胞名称	三种应当戴头盔保证安全的活动
500分	500分	500分	500分
有氧锻炼和无氧锻炼的区别	身体需要纤维的原因	对身体有害的两种细菌	如果家中起火，必须做的两件事情

在电脑或手机上制作学习卡。例如，你可以到 Quizlet（www.quizlet.com，美国的一个单词记忆网站）上挑选免费的学习卡，或者自己制作学习卡。

有一些网站虽然好玩，但是并不能帮助你学习，所以使用网站或者 APP 的时候要确保它们对学习有帮助。你也可以请老师给予建议，例如，凯利老师就经常给学生推荐一些数学网站，帮助学生练习数学公式。

给别人讲

给别人讲也是一个强化记忆学习的好方法。与别人分享自己学到的知识，也是非常有趣的。本杰明在用了这个方法后说："爸爸妈妈，甚至我哥哥都对我学习的生物遗传内容非常感兴趣。当我给他们讲时，我感到自己很聪明。"你也可以给别人讲历史、作家或其他你正在学习的科目。有时，如果没有家人在身边，你甚至可以给家里的宠物讲自己的功课！当你给别人讲时，你会发现自己还需要学习更多的内容，才能给别人讲清楚。

和闹钟竞赛

另一个让作业更加有趣的方法是：猜自己完成这项作业需要花费多长时间。猜过之后，就设定一个时间，看看自己能否打败闹钟。速度很重要，但也需要关注质量。泰勒就很喜欢这个方法，她说："我喜欢将数学题变成与闹钟的一场比赛。这让我很专注，集中精力去完成作业。在这个过程中，我会尽量避免因粗心大意而出错。"

你的烦恼我来答

伊丽莎白的问题：学习太烦人了，有没有一些方法能减轻学习的痛苦？

伊丽莎白，学生都需要记住一些特定的公式，例如乘法表。有时，这会很烦人。不过，有一些办法能让记忆和学习变得有趣。你可以尝试这些方法：

- 制作一些学习卡，玩危险边缘或者注意力游戏；
- 创建一些有趣的记忆法；
- 编一首歌来帮助你记住公式；
- 和闹钟竞赛，将学习变成游戏；
- 请教朋友，看朋友是如何战胜学习困难的。

如果你觉得学习很烦，而且让你感到困惑和痛苦，你还可以向老师寻求帮助。当完成作业不再困难重重时，你会发现，学习也变得更有趣了。

画结构图

结构图是将你学到的知识转换成图表。有各种各样的结构图。例如，在下面的结构图里，中间的圆圈里是艾迪要写的作文的主题（"篮球规则"）。别的圆圈里有他想写的段落大意和描述细节的想法。当艾迪坐下来写作文时，他先介绍主题思想，然后将别的圆圈的内容形成段落。艾迪说："我不用把所有的内容都放在脑海里，每次只要集中精力写一段就行，画结构图让我的思路更清晰了。"

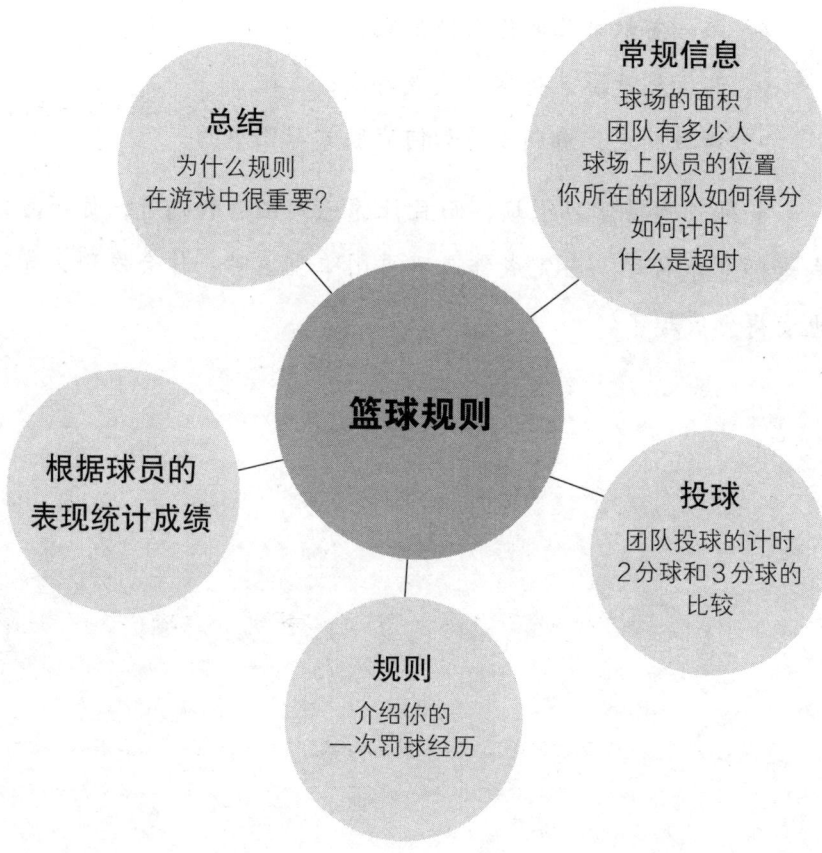

你也可以用一些APP帮助自己画结构图，比如，Popplet和MindMash就是两款帮助你用图组织想法的APP。如果你是一位视觉型的学习者，这种文字和图片的表现形式对你更有帮助。

> 写作文前，画结构图是整理思路的一个重要方法。

✏️ 画重点内容

如果老师允许你在书上做标记，那么画重点对有些人来说也是一种有帮助的学习方法。你也可以在笔记本里记下重点内容，不过，什么是重点内容呢？埃文说："我曾经把书里的内容都画成重点，因为我以为作者写的内容都是重点。"后来他知道，只要画出关键的知识点，就能帮助他记住剩余的内容。所以，在阅读时，你可以问问自己：

- 这个句子重要吗？
- 这一段中最重要的句子是什么？
- 我需要记住哪些内容呢？

这些问题的答案能帮助你确定重点内容。

✏️ 记笔记

跟画重点一样，记笔记（在课堂上听老师讲课或者在家里阅读时）也可能会让你感到困惑：哪些内容才是需要记下来的重要内容？有时需要记下完整的句子，有时只需要记下一个提纲。

萨曼莎就用了记提纲的形式，她说："我把主标题记下来，然后再列出小标题，而不是把所有内容都记下来。比如，老师讲到地球圈层时，我会在笔记本的顶部写上'地球圈层'，然后着重记下每一个圈层的名称，之后为每个圈层再加一些介绍。即使老师讲得再慢，我也没有时间把老师讲的每一句话都记下来。"

你也可以用画结构图的方式来记笔记。在中心圆里，萨曼莎可能会写"地球圈层"，然后将每个圈层的名称和一些细节列在四周的圆圈里。

你可以用自我对话的办法想出很多不同的记笔记方法，并从中选择最适合自己的方法。如果自己拿不定主意，你可以问问朋友、父母，尤其是老师的建议。

记住，在你温习笔记时，你也可以在笔记上画重点，之后，你就更容易注意到关键词或句子，复习也会更轻松。注意，画重点时不要用太暗的颜色，因为有时这个颜色让你难以注意到重点内容。

将学习计划与考试要求相结合

将学习计划与考试要求结合起来是非常关键的。例如，如果一场考试的题型包括填空题，你在复习的时候就必须记住一些词语。因为试卷上可能没有这些词语。比如，你在学习美洲原住民部落的名称，那就要记住这些名称以及如何拼写，在考试时才能将它们填在空格中。

如果考试是选择题，那么你只需要能分辨出正确的答案就行，例如，哪个选项是正确的美洲原住民部落。但是，单项选择题的考试也会有迷惑性，因为选项里可能会有两个相似的答案。所以，你需要真正地学会分辨两个选项的不同。比如，假设你知道，一个关于天气问题的选择题，正确答案是一种云，但你不确定是哪种云。如果选项里只有一种云，那你可以做对，但老师通常会给出一种以上的云来测试你是否真的掌握了各种不同的云。所以，为了考好选择题，你一定要学会分辨不同的词语和内容。

如果考试是一篇作文的话，你就可以画结构图、列提纲或用其他方法，快速围绕主题写出来一些小短文。你也可以把要考试的内容讲给家人听，确定自己已经掌握了这些内容，正如之前学到的方法，给别人讲也是一个重要的学习方法。

对着镜子练习

对着镜子说话，是准备报告或者演讲的好方法。站在镜子前给自己作报告可能会有点奇怪，不过这个方法很有帮助，你会逐渐熟悉自己的面部表情。你还可以看着笔记练习，记住，不要说太快。

你也可以模拟考试场景。例如，当你在练习写作文时，你应该坐在桌子前，而不是躺在床上。所以在练习时，请想象自己正坐在学校的课桌前写作文。

为一场考试或演讲练习得越多，并且试着模拟学校场景，你就越能为接下来的考试或演讲做好准备。

不要临时抱佛脚

有时，孩子（和成人）认为自己可以很快地完成作业，所以，他们会一直等到截止日期前才开始写。可是，你本来有足够的时间写完作业，这时却可能会因为时间紧张而感到焦虑或压力。虽然你之前可能已经听到过好多次这种说法了，但是请善待自己，早点完成作业，不要再因为临时抱佛脚或者时间紧张而感到压力了。

🖉 自我奖励!

很多人会喜欢这个方法。在克服困难完成作业或者做完自己不喜欢做的事情后,记得奖励自己。甚至成人也可以这么做——在完成一个重大项目后,他们有时会安排一个有趣的假期。

下面是可以给自己的一些奖励:

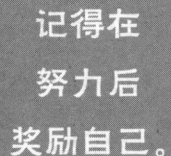

记得在努力后奖励自己。

- 听5分钟自己最喜欢的歌曲;
- 和宠物玩;
- 玩5~10分钟自己最喜欢的游戏;
- 画画或者唱歌等。

期末考试或者完成一项长期作业后,你也可以给自己一个大奖励,例如和朋友去看一场电影。提前考虑一下你会如何奖励自己,并努力实现!

🔍 写作业没意思怎么办

你可能认为自己在学习时需要非常严肃,而老师也是这么要求的,其实并不是这样。有一些有趣的创意方法能够帮助你完成作业。你可以提前跟老师沟通这些想法,得到老师的许可。

🖉 模拟一场法庭审判

如果你喜欢辩论(或争论),你可能会对这个方法感兴趣。仔细观察你学习内容的两个方面,然后假设自己是一名起诉或辩护律师。梅根就用了这个方法,她说:"我正在学习历史,英美两国的矛盾直接促使了美国的独立。这也是老师留的作业，在得到老师的许可后，我假设英国人把帕特里克·亨利（美国革命家、演说家，积极参加反抗英国殖民者的斗争）告上了法庭，我需要说出他会如何捍卫自己的思想和行为，以及英国人可能会提出哪些有挑战性的问题。这个方法虽然有难度，可是很有趣。"如果你也这么做，你可能会反复认真地复习这些内容。

> 如果能发挥创造性，作业也可以变得很有趣。

 做一名新闻记者

在学习时，你可以在很多地方使用"记者角色"。布莱恩的英语老师在课堂上要求学生写一篇关于科技改变世界的作文。布莱恩可以写现代社会中不同类型的科技产品（例如，复印机、扫描仪、电脑、互联网、智能手机）的优势，也可以列举每种产品的发明时间，出售了多少，以及能为人类提供哪些新功能。这个作业很有趣，不过，他用了一个更有趣的新方法完成了作业。

在作业里，布莱恩成为了一名新闻记者，采访了两位虚构的人物——一个人喜欢新科技并且谈论让社会受益的每项技术的优势，另一个人认为技术在破坏社会。得到老师的允许后，布莱恩交上了他虚构的采访。后来他说："创造这两个有代表性的人物非常有趣，一个积极举例支持自己的观点，一个则简单粗暴地否定。我不仅对科技的利弊有了更深刻的认识，而且发现了自己的创造力。"

画漫画

如果发现可以用画漫画的方式来写作业,你可能会很吃惊。唐娜的作业是谈谈吸烟的害处,以及吸烟如何危害身体。在和老师商量后,她决定用自己喜爱的漫画来完成这项作业。她说:"我不认为吸烟是好玩的事情,所以我不能用漫画把这个严肃主题变得太有趣。首先,我画了一个吸烟的青少年(有浓烟从她的头上升起),然后,我将她画在校长的办公室里,因为学校禁止吸烟。"

"校长的脸上是非常失望的表情,他谈到了吸烟如何危害身体。然后,校长打开办公室的门,进来了一些因吸烟受伤害的人。我画了一个有呼吸疾病的男人,让他对着儿童一直咳嗽;我还画了一个哭泣的妇女,她丈夫因吸烟太多而死亡,等等,我总共画了5个不同的人。老师给了我一个A。他从来不给A的。他说我表达出了吸烟对身体、对自己和自己爱的人造成的危害。酷吧?"

总结

现在,你的工具箱里已经有很多学习方法了!希望你能够积极尝试这些方法。你可能发现一种方法对某门功课有效,而另外一种方法(或综合的方法)对别的科目有效。例如,用学习卡片来学词汇,用和闹钟竞赛的方式学习数学。试着找到适合自己的学习方法,并积极运用。不要试着一下子全部记住这些方法,因为我们很难在短时间内记住这么多方法。在努力学习后,请记得给自己应得的奖励!

第8章

积极应对考试或演讲的压力和挑战

在阅读本章前，先做下面的小测试，看看自己平时是否用过下面的方法：

- 我会在考试或者演讲前，注意饮食，好好休息。
- 我会用积极暗示、深呼吸或其他方法让自己平静下来，缓解考试或演讲的紧张情绪。
- 我会仔细阅读考试说明，并在交卷前认真检查试卷。
- 我会用画结构图或列提纲的方法来写作文，并在交卷前检查语法和拼写。
- 在班里演讲时，我不紧张、思路清晰，还平静地看着大家。
- 和老师说话时，我表达清楚、注意力集中而且提前做好准备，所以老师会理解我的想法。

这一章的主要内容是如何应对考试或演讲的压力和挑战。有的学生在考试或者演讲前感觉相对放松，因为他知道自己努力学习过，已经做好了准备。所有的学习和作业都结束了。现在，只是到了展示自己努力成果的时候。

但是，很多孩子会在考试或演讲的当天感到焦虑。例如，所罗门知道如何学习，但不知道应对考试的策略和做好演讲的方法。

克服紧张焦虑有方法

有一些方法能够帮助你应对考试、演讲和跟老师谈话的压力。在这一章,你将会学到这些方法,它们也能用在其他重要场合,比如运动会或者其他比赛。

另外,这一章还会谈论如何战胜消极暗示,让你把知识和能力更好地表现出来。之前,你已经学习了很多提高专注力和灵敏性的方法,这些方法也是非常有帮助的,在这一章中,你可以再次复习它们。

 好好休息

有时,学生在考试或者演讲前一天晚上很难入睡。金说:"我不停地在脑海中重复我的演讲,难以放松和入睡。"波比说:"我会在半

工具箱:克服紧张焦虑的方法

- 好好休息
- 吃好早饭
- 练习积极暗示
- 这只是普通的一天
- 想象自己只是在练习
- 随身携带一个安慰物
- 使用自己的放松法

第8章 积极应对考试或演讲的压力和挑战

夜里醒来，觉得应该起来学习。"你呢？

如果你也跟他们一样，难以入睡，你可以试试第2章中学习的放松法，让自己放轻松。在前一天晚上，你要计划好，早点完成学习任务，重点是放松而不是复习，如果你想在第二天早点起来复习，那么只要计划早一点睡觉就行。这样能确保自己睡眠充足。

吃好早饭

除了晚上好好休息外，在学校重要日子的早上，也要记得吃早饭。你可能不想吃，也可能太着急、太紧张，或者没有丰盛的早饭，但是，一定要吃一点，给自己的身体加点能量。你还可以带点营养食品去学校，在进教室前再吃一点。要知道，食物和睡眠都能帮助你的身心保持灵敏。

练习积极暗示

即使你在平时学习时克服了消极暗示，在学校的重要日子，比如考试当天，你可能还会有自我否定和消极暗示的想法。如果你发现自己在想，"我很笨，我一定考不好"或者"我不会写这个话题"，这时，你可以试着将这些消极想法变成积极暗示。

如果你平时学习努力而且效率高，你就能对自己说很多的积极暗示，下面是对别的孩子有帮助的积极暗示：

- "我已经努力学习了，这次考试我也能发挥到最佳水平。"
- "有些题目不会做也没关系，我已经会做很多

> 记住：
> 考试和演讲不必拿第一——只需要让自己骄傲！

题目了。"
- "我有提示自己考试词汇的记忆法,它能帮助我。"
- "我准备了PPT,好提醒自己演讲时该说些什么。"
- "我准备好了。我感觉很好。"
- "我不需要得第一,只需要做到自己的最好。"

这只是普通的一天

你可能会认为,考试或者演讲的那一天是你生命中最重要的日子,这一天决定了你是谁,你是不是聪明,以及别人会如何看你,这些都会给你带来太大的压力。

有的老师也会非常重视考试或演讲的那一天,甚至认为这一天决定了你是否掌握了学习内容。不过,你要明白,这一天跟其他日子一样,只是你生命中普通的一天。

如果你提醒自己,考试结束后,还需要做其他作业,参加别的活动,考试或者演讲这样的重要日子就不会带给你更大的压力了。无论如何,这一天像平常的一天一样会过去,你不会一直站在同学面前演讲,也不会一直参加考试。

考试或演讲最终会结束,它们只是展示你所学知识的一种形式。

想象自己只是在练习

努力学习,认真准备,都能让你自信满满。

在之前的章节中,你掌握了学习和复习的方法,你甚至想象过自己考试或演讲的场景。如果你之前练习过多次,在这一天,你可以想象自己是在练习,以减轻心理压力。一一般来说,在家里练习演讲和考试,带给你的压力会小点。闭上眼睛,休息一分钟,想象着自己在家里,让内心平静下来,然后再睁开眼睛,集中精力考试或演讲。

 随身携带一个安慰物

如果有一个魔法物能够帮助你度过学校重要的日子,你会不会觉得很棒,想赶快去买一个?不过,世界上没有魔法物,只有能够帮助你的安慰物。安慰物能够让你放松,提醒你自己,你很棒,以及有很多人关心你。下面是一些别人的例子:

- 格洛里娅这次考试用了上次考试用过的铅笔,上次她就考得很好;
- 哈罗德在背包里放了一张和朋友们一起划船的照片;
- 希拉在口袋里放了一只毛绒兔子玩具的脚(仅仅是一种柔软的材料——不是一只真的兔子脚)。

回忆一下在前面章节中学到的安慰法。你可以把安慰物放在背包或者口袋里,看看或者摸摸它们,这样能减少你考试或演讲的压力,让你放松下来。

使用自己的放松法

如果你觉得自己在考试或演讲时会有压力,你可以尝试运用在第2章学到的帮助自己放松的一些方法。比如:

- 呼吸放松法;
- 渐进式肌肉放松法;
- 摆动放松法;

- 想象成功法；
- 在考试或演讲前，在学校里找一个支持自己的人；
- 倒数放松法。

考试成功的技巧和方法

如果你平时一直在努力学习，在考试当天，你就没必要花很多精力学习了。然而，注意一些考试技巧能够让你考得更好。

仔细阅读考题要求

有时，你考试时紧张焦虑，虽然考题要求很明显，但也常常容易被忽略。安迪就以为他读过考题要求了，他说："在做多项选择题时，我认真地读了考题要求，可是我把考题要求看成了单项选择题。"可想而知，安迪认为考试太难了，因为他总是在两个选项之间难以选择。如果他认真读了要求，他就会为每道题选择两个正确答案。安迪这次并没有考好。

工具箱：考试成功的技巧和方法

- 仔细阅读考题要求
- 检查答案
- 运用排除法
- 跳过难题
- 使用你的学习方法

安迪犯的错误很常见。例如，数学老师可能会让你把解题步骤列出来，如果你没有仔细阅读考题要求，只是做对了答案，并没有写上解题步骤，你可能也拿不到满分。你努力学习，拿到期望的分数很重要。请一定要认真按照考题要求答题，你才能获得好成绩。

检查答案

你有没有听过"两个脑袋胜过一个"这句话？它的意思是指两个人合作想出的答案要胜过一个人想出的答案。可是，你不能和朋友一起参加考试，所以，你只能依靠自己的"两个脑袋"。

这怎么可能呢？其实，你可以先做一名答题者，然后再做答案的检查者。一开始，要尽自己所能去答题，然后，用第2章中学到的放松法放松一下，放松后再检查答案。检查答案是发现错误，保证答案正确的好方法。

运用排除法

在做选择题或者连线题时，先把会做的都做了，因为合理猜想也可能丢分。如果只能靠猜想，你可以用一个重要的方法——排除法。

假设一个题目里有四个选项，你能确定其中一个是错误的，你可以将它排除；还有一个是错误的可能性很大，你也可以将它排除，那么就只剩下两个可能是正确的。如果你不想丢分，那就在剩下的两个之间选择——你有50%的把握能答对！

跳过难题

如果你在考试时被一道题目卡住了，可你认为自己会做，那么，先跳过去，等做完其他题目再回过头来解决这道难题。这时，你也不会因为其他题目还没做而着急，可以全心解决这个难题。如果老师允许，你可以在这道题的旁边画一个星号或圆圈，方便你回过头来能快速找到它。你可以在考前确认，老师是否允许你这么做。

使用你的学习方法

如果你使用了记忆法来学习，那么看老师是否允许你把它们写在草稿纸上，方便你使用。如果不允许，你可以回想一下你用过的学习方法，然后集中精力考试。

考试时怎样写好作文

作文不仅仅是写开头、事件、结尾这么简单。老师可能希望你围绕主题，有条理地把一个问题写完整。下面是一些建议。

工具箱：考试时写好作文的方法

- 仔细阅读写作要求
- 画结构图或列提纲
- 不要假设老师理解你的意思
- 注意时间
- 检查作文

仔细阅读写作要求

跟其他考题一样，你也要仔细阅读作文的要求，确保没跑题。写作文很容易写偏题，所以，每写一段时间，你就要停下来，再看看写作要求，保证自己写的主题是正确的。

画结构图或列提纲

如果允许的话，在开始写之前画一下结构图，这样你就知道自己要写的内容以及先后顺序。如果你不喜欢画结构图，在开始前可以简单地列一个写作提纲。

不要假设老师理解你的意思

假设自己正在给一位不了解你写作内容的读者写作文，这会让你的思路清晰，语言表达清楚。

注意时间

如果你需要写几篇作文，请合理分配时间，并留下检查作文的时间。注意不要超时。

检查作文

写完后，回头看一下自己写的内容，把表达不清楚的内容改一下。你可能吃惊于自己写的与想的有些不同。

虽然你重点关注写作的内容，但是老师也会看你的书面情况。写作文的时候要书写工整，写完后要检查是否有拼写错误。

怎样才能做好一场演讲

你在同学面前说话是否会感到紧张?其实,并不是只有你一个人这样,对于在公开场合讲话感到焦虑是非常普遍的现象。不过,还是有一些方法能够帮助你做一场精彩的演讲。在美国,有一些人会教大家演讲的一些方法,这里面的一些方法也可能对你有用。

 ### 用一些可视化的辅助工具

有的孩子在演讲的时候,希望同学们在听演讲的时候也能看着他;有的孩子则不喜欢同学们看着他,在别人盯着他们看时,会感到有点不自在。瑞恩在演讲的时候就用了PPT,他说:"我喜欢用PPT,这让我不需要用卡片来安排演讲的顺序,因为每张幻灯片就像一张卡片,提醒我想要讲的内容。我发现,同学们甚至老师大部分

> **工具箱:演讲成功的方法**
>
> - 用一些可视化的辅助工具
> - 语速不要太快
> - 与听众进行眼神交流
> - 如果主题允许,讲一些笑话
> - 条理要清晰
> - 不要害怕别人的反应
> - 练习思考停止法

时间都在看我的PPT。这让我感到轻松，因为他们没有盯着我看！"

提前想一下，用哪些工具能够让同学们关注你演讲的主题，可以跟老师沟通你的想法，确保你的想法符合演讲的要求，也可以实现。下面是一些办法：

- 用一张大的海报，上面有标题或你演讲人物的照片；
- 请朋友帮忙，把你了解到的相关内容拍成视频；
- 用PPT列出你的演讲提纲或者突出重点内容。

语速不要太快

有的孩子想尽快演讲完，他们的语速很快，来不及停顿，这样的演讲难以让你的内心放松和平静下来。

在做演讲前，你可以花几分钟进行积极的自我暗示："我不需要完美。我知道自己在说什么，所以我只要说下去就行。"也可以用放松法，一种常用的方法是想象听众只穿着内衣，他们比你还尴尬。你还可以试着对自己说，自我评价要比别人的评价更严格。

如果你在家里练习了好多次演讲，也能有条理地展示出来，相信你已经足够自信，接下来只是"展示时间"了。如果你有一点兴奋和焦虑，这是非常正常的。你可以慢慢走到教室前面，深吸一口气，然后快速环视一下教室，对所有人微笑（甚至你可以说"你好！"），这让你感觉到自己只是在和不了解这个话题的同学们分享知识，不是在接受审判。

与听众进行眼神交流

演讲时，你没必要在整个过程中一直看着下面的同学们。其实，在演讲过程中，老师如果看到你用了学习卡或者提纲，也会很高兴。

可是，有时与听众进行眼神交流是非常重要的，他们会感到被认可，你会吸引住他们的注意力。如果你对着地板说话，他们会认为你不是在跟他们说话，自然就难以集中注意力听你讲。眼神交流实际上是帮助你吸引大家的注意力。

如果主题允许，讲一些笑话

如果你在演讲中穿插了很多笑话，老师可能会觉得你没有认真对待演讲。可是，如果没有笑话，老师或同学们可能会觉得你的演讲没有趣味。你可以结合你的性格，比如你是否会讲笑话，以及主题是否合适来决定是否讲笑话。比如，你演讲的主题是一场灾难，那你就不能讲笑话；如果你正在给大家做一场读书报告，你可以就书里主人公的滑稽行为或者讽刺描写开玩笑。

条理要清晰

一种搞晕听众的简单办法就是不断切换主题。莉莉说："在演讲时，我发现同学们既不看我，也不记笔记。我问好朋友这是怎么回事，她说她没听清楚我在说些什么，因为我不停地说'他'，可她却没有弄清楚这个'他'是谁。演讲时，我讲了很多科学家，也谈到了他们的发明，然后又再次谈到了这些科学家，最终别人都不知道哪些科学家有哪些发明。"

学习卡、PPT和列提纲都能让你的演讲条理清晰。你还可以把关键词写在黑板上，让听众的注意力集中到你演讲的重点上。记忆法也能帮助你记住演讲的内容（见第7章中一些常见的记忆法）。

你的烦恼我来答

亚当的问题：我想我是班里的怪物。我学习努力，考试成绩也很好，可是有些同学认为我很奇怪，我该如何跟他们交流呢？

亚当，除非问别人或者别人说出来，你很难知道别人是如何想的。同学们真的觉得你不好吗？有没有可能是：

- 他们认为你"古灵精怪"，这可是好的评价。
- 他们嫉妒你的学业。
- 除了这样评价你，他们不知道还能用哪些词语来评价你。
- 和你在一起时，他们缺乏自信。

在关注他人的评价前，先想想你对自己的评价，你说自己是"班里的怪物"，你觉得这个形象好吗？

如果你喜欢自己，也想让同学们接纳你，你可以试着：

- 发现同学们的兴趣爱好，有时可以和他们聊聊这些兴趣。
- 平衡好学习和与同学们玩耍的时间。

如果你想知道如何和同学们讨论学习，你可以这么做：

- "我不是只知道学习，只是想取得好成绩，所以才努力学习。"
- "我有一套很棒的写作业方法，我可以跟你们分享吗？"

记住：你没必要为自己是谁而道歉。毕竟，你没有伤害到任何人，只是在学校里努力学习。

不要害怕别人的反应

有的孩子在演讲的时候害怕被嘲笑,虽然有时会有嘲笑声,但是绝大多数同学会支持你,因为他们知道自己也会上台演讲。

如果有同学在你演讲的时候嘲笑你或者做鬼脸,你可以:

- 不看那个人,这样他的表情就不会打扰你或让你分心;
- 在你演讲时,多看一些支持你的听众;
- 有人嘲笑你,并不意味着你的演讲出错了(积极自我暗示);
- 如果有人故意打断你,让你无法继续演讲,你可以平静地问他不清楚哪些演讲内容,一定要心平气和地问他;
- 告诉自己,你已经努力准备了这次演讲,有很多内容可以跟全班分享;
- 在演讲结束后,可以跟老师交流一下。

> 演讲的重点是讲,而不是让别人评价。

练习思考停止法

你在演讲时,有时别的想法会干扰你的注意力。比如,你可能会想自己会得一个好的分数,还是一个差的分数。如果你认真准备,提前组织好语言,和老师沟通过想法,那么,你真的没必要考虑演讲的分数。你还可能会想到明天的考试或者下午要玩的游戏。

你可以用"思考停止法",这个方法理解容易做起来难。你可以提前练习。你只需要想"停止!"然后换个时间再思考这个话题。如果你演讲时在想:"我真的很想得一个好分数。"你可以对自己说:"停止!以后再想。现在,我需要把注意力放在演讲上。"你还可以把可能干扰你演讲的想法写在纸上,这样,在开始演讲前,这些想法已经不在你脑海中,而是呈现在纸上了。

跟老师沟通时紧张不安怎么办

有的孩子喜欢和老师沟通,有的孩子跟任何老师沟通都会紧张,有的孩子跟某位特定的老师沟通时会紧张。如果你在课下跟老师沟通和交流时会感到紧张,请放轻松一些,并不只是你一个人有这种感觉。

之前你学到的一些方法,也能帮助你。你可以减少消极暗示。如果你认为向老师寻求额外的帮助,老师会生气,你可以检测一下你的这种想法是不是错误的。你可以问问同学他们是否得到过老师更多的帮助,甚至可以问老师如何寻求更多的帮助。和老师交流是一件很重要的事。请不要在老师时间紧急的时候去问老师问题,比如老师着急参加会议时,就不是一个问问题的好时候。

如果你请求老师重新讲一遍整节课,老师可能会不高兴。你可以告诉老师你不明白哪些内容,提出具体的问题,表现出你已经认真思考过他讲的内容。

提前准备好你要跟老师说的话以及谈话的目的,这样有助于你准确解决问题,并快速得到老师的帮助。

 **总结**

在这一章里,你学习了在学校"重要日子"该如何应对,还学习了考试、演讲和老师沟通交流的技巧和方法。你可以自信地参加考试、演讲和跟老师沟通交流了!

结 语

从现在开始,当你坐在教室里或写作业时,请记住自己的工具箱,里面装满了管理学习压力和提高学习效率的方法和技巧。

请记住:

- 确定压力源,这是解决压力的第1步;
- 你学会了让自己平静和放松的方法;
- 即使你无法改变压力,但你能够改变思考方式;
- 虽然条理有序需要时间,但是无序混乱却会浪费更多时间;
- 执行力能帮你完成作业;
- 在完成功课的同时,你也能灵活地拥有社交生活;
- 你可以用一些方法让学习变得更加轻松、有趣;
- 努力学习,充分准备能让你对考试充满信心。

还有最后一条,相信自己有勇气读完这本书,并且能够学到很多新方法。上学也一样,你每天都能从学校学到新的技能。当你需要帮助时,学会主动向他人寻求帮助。享受你的学习之旅吧,学习真的很有趣!

(美)凯瑟琳·G.纳多博士
(美)埃伦·迪克森博士 著
(美)查尔斯·贝尔 绘

7~12岁适读

《我要更专心》

美国心理学会精心打造,两位临床心理学家力作

帮助孩子解决分心的难题,提升专注力和自控力
让数十万孩子、父母和老师受益的心理自助读物

有的孩子,非常好动,很少能安静坐下来;有的孩子,总是丢三落四,惹出各种麻烦;有的孩子,不会想想再做,而总是凭一时冲动;有的孩子,头脑中总是充满了各种各样有趣的念头,很难专心投入到功课中。

本书旨在帮助家长和孩子解决"多动症"的烦恼,专业性和趣味性十足:以孩子为中心,完全从孩子的视角编写,让孩子感觉到"这本书写的就是我";充满童趣的卡通画,牢牢抓住孩子的兴奋点;将问题分成小节,便于阅读,还可以按照单元阅读,符合儿童的阅读心理;每一节后都配备趣味性的专注力游戏,让孩子轻松快乐阅读。

(美)凯瑟琳·G.纳多博士 著
(美)查尔斯·贝尔 绘

7~12岁适读

《我能管好自己》

美国独立图书奖非虚构类奖

儿童心理自助热销图书《我要更专心》作者新作
提升孩子的计划性和条理性,让孩子更加独立和自主

本书精选孩子日常生活和学习中常见的案例、有趣的益智游戏和测试,并提供了许多易学易用的方法和建议,帮助孩子学会独立和自律,提升自我管理能力。

阅读本书,你将会学到:

- ♥ 如何养成好习惯
- ♥ 如何整理物品
- ♥ 如何管理好时间
- ♥ 如何制订计划

- ♥ 怎样养成良好的常规
- ♥ 怎样安排课后的学习和休息
- ♥ 怎样才能坚持到底不放弃
- ♥ 怎样才能不丢三落四